马思聪百年诞辰纪念文集

MASICONGBAINIANDANCHENJINIANWENJI

王次炤　主　编

戴嘉枋　执行主编

副主编

郭淑兰　逄焕磊　周海宏　江小艾

叶小纲　肖学俊　苗建华

中央音乐学院出版社

CENTRAL CONSERVATORY OF MUSIC PRESS

·北京·

图书在版编目（CIP）数据

马思聪百年诞辰纪念文集／王次炤主编．—北京：中央音乐学院出版社，2013.3（2025.3 重印）

ISBN 978 - 7 - 81096 - 524 - 8

Ⅰ.①马⋯　Ⅱ.①王⋯　Ⅲ.①马思聪(1912～1987)—纪念文集　Ⅳ.①K825.76 - 53

中国版本图书馆 CIP 数据核字（2013）第 021880 号

马思聪百年诞辰纪念文集　　　　　　　　　　　　　　　　王次炤主编

出版发行：中央音乐学院出版社

经　　销：新华书店

开　　本：787×1092 毫米　16 开　　印张：13

印　　刷：三河市金兆印刷装订有限公司

版　　次：2013 年 3 月第 1 版　　印次：2025 年 3 月第 2 次印刷

书　　号：ISBN 978 - 7 - 81096 - 524 - 8

定　　价：68.00 元

中央音乐学院出版社　北京市西城区鲍家街 43 号　邮编：100031

发行部：(010) 66418248　　66415711（传真）

目　　录

"马思聪百年诞辰"纪念活动
领导致辞及亲朋好友的回忆

（2012 年 5 月 12 日上午）

一、领导致辞

1. 中国文联党组副书记、副主席覃志刚致辞

各位领导、各位来宾、同志们、同学们：

大家上午好！

今年是我国著名作曲家、小提琴家和音乐教育家马思聪先生诞辰 100 周年，由中国文联、中国音协、中央音乐学院主办的"纪念马思聪诞辰 100 周年座谈会"今天在这里隆重举行，请允许我代表中国文联，向出席今天座谈会的各位领导、各位艺术家表示热烈的欢迎！向马思聪先生的亲属们致以诚挚的问候！

马思聪先生是中国第一代小提琴演奏家、作曲家、教育家和音乐活动家，在我国近现代音乐史上占有重要的地位。他 18 岁在中国举办小提琴独奏音乐会，为小提琴这种西洋乐器在中国的普及与提高，作出了突出的贡献。他的音乐创作涵盖了歌剧、舞剧、交响音乐、各种形式的室内乐、大型合唱曲、群众歌曲、艺术歌曲、民歌改编曲等多种体裁样式。他的小提琴音乐创作最为突出，其中《思乡曲》已成为家喻户晓、享誉中外的优秀中国小提琴代表作。由郭沫若作词、马思聪作曲的儿童歌曲曾传唱全国，经团中央决定作为《中国少年先锋队队歌》。

作为教育家，马思聪先生是中央音乐学院奠基人之一，他的教育思想和学风至今影响着中国艺术教育。当年他将 15 岁的林耀基和 13 岁的盛中国，录取进入中央音乐学院少年班学习，并亲自选派两人赴苏联深造，回国后两人都成为中国著名小提琴演奏家和教育家。

马思聪先生曾两度赴法国学习音乐，多次担任国际音乐比赛的评委，为东西方文化的交流作出了积极的贡献。1987年，马思聪先生病逝于美国。按照先生的遗愿，在温家宝总理亲切关怀下，马思聪先生及其夫人的骨灰于2007年返回故土，安葬于广州白云山麓。在阔别祖国40年之后，马思聪先生终于魂归故里，实现了归乡之愿。

马思聪先生在谈到音乐创作时曾说："我的艺术源泉来自中国的历史、文化和人民生活。我希望我的作品能为中国的骨肉同胞所接受。"今天我们在这里纪念马思聪先生诞辰100周年，就是要继承和弘扬他的高尚品格，关注社会现实，紧扣时代脉搏，把个人理想抱负同人民群众的需求结合起来，在国家的发展壮大和民族的繁荣复兴中实现自我的价值。我们要始终坚持以人民为中心的创作导向，为人民放歌，自觉践行"爱国、为民、崇德、尚艺"的文艺界核心价值观，牢记社会责任，担当起时代赋予的神圣使命，努力攀登艺术高峰，为推动社会主义文化大发展大繁荣、建设社会主义文化强国作出新的更大贡献。

祝马思聪诞辰100周年纪念活动圆满成功！

谢谢大家。

2. 中国音乐家协会名誉主席
傅庚辰致辞

因为我昨天下午四点钟才接到电话，来不及写发言稿，我只能即席讲几句话，表示祝贺：

对前辈不要忘记，要十分尊敬，要向他们学习。因为没有前辈的成就和他们卓越的成果，就不可能有我们音乐事业的今天，也不可能有我个人的进步，所以我是充满了敬畏之心来参加这个纪念会的。

我是晚辈，与马先生没有接触过，但是他的名字早已如雷贯耳。我在1948年参加东北音乐工团工作之后，才知道的几位音乐家名字，那就是：聂耳、冼星海、贺绿汀、马思聪。马思聪那时候更多地是作为一位小提琴演奏家被我知道的。辽沈战役之后，我们进了沈阳，把我调到东北鲁迅文艺学院音乐系都是年纪比较小的第三班学习。之前在哈尔滨的时候我想学习小提琴，可是没有条件，因为音工团只有几把小提琴，只供工作的大同志用，我们是轮不上的。进了沈阳条件改善了，我分到了一把小提琴，就如饥似渴地学习小提琴，在学习的过程中，我也练习过《思乡曲》。所以在哈尔滨我知道一个小提琴演奏家马思聪，到了鲁艺之后，我才知道一个作曲家马思聪。

中华人民共和国成立之后，我们那些大同学全都毕业分走了，剩下我们三班12名同学往哪里去？当时学校有一个想法，就是送到中央音乐学院少年班学习，因为我们当时最小的同学是11岁，最大的是15岁，后来据李军同志说，中央音乐学院条件当时不太成熟，先不要来，这样我们就没去。不过我从中知道中央音乐学院的院长是马思聪先生，所以小提琴演奏家、著名作曲家、音乐教育家这三个形象在我的脑海里就牢牢地树立起来了，虽然我跟马先生未曾谋面，但是这三个形象在我的心中是很崇高的。

前几年在广州我们搞金钟奖，有一个他的展览馆，我曾参加过这个馆的开馆仪式，其它有关马先生的活动我参与的很少，可是他的形象、他的名字在我脑海中印象非常深刻。2006 年我们全国政协应德国参议院、法国议会之约去访问，一周日程最后时到了巴黎，我突然意识到既然到了巴黎，那我一定要参观一下巴黎音乐学院，因为那是冼星海和马思聪学习过、培养出我们伟大音乐家的地方，如果不去看就太遗憾了。可日程安排中没有，那我就牺牲了参观巴黎圣母院的机会，通过大使馆临时安排去了巴黎音乐学院。我们到那儿之后，音乐学院负责接待的是位女士，她说："您来之前才通知的我们，我后边还有会，时间不多。你来的目的是什么？"我说我想参观下冼星海和马思聪学习和上课的地方，她说："那就变化大了，没有了。"我说能不能看冼星海的《风》的三重奏的谱子，因为这个作品很有名啊，在你们法国也获奖了，我们国内还没有这个谱子，她说那现在也找不到了。我说那我就给你介绍介绍他们两位回到国内的情况。她不大耐烦，当时她拿了纸说："你说吧。"我当时主要是讲星海，因为我对马思聪先生具体一些事情不是太熟，我讲着讲着，她突然讲："你是不是要写小说？"因为我的讲述带有故事性，我说我不是搞文学的。她知道曾到访过的王次炤，对于我大概只知道我是中国一名议员（我是以全国政协科教文卫体委员会副主任的身份去访问的），结果后来我又讲了一段，她说："你是不是要写报告文学？"我说不是，这以后她就不打断我了，我就一直讲下去。她记得非常认真，我讲了 1 小时 40 分钟，最后一句话我说，你们法国巴黎音乐学院要以毕业了冼星海、马思聪这样的学生为荣。最后她很感慨，她说："先生，我一定要把您说的这些事跟我们学校好好转达一下、介绍一下。"我说谢谢你，其实早过了她的这个时间，她也不说她要走，不说她开会了，和我们又照相，我们又送给她一块杭州的料子，她挺高兴。

这里我要强调的是，2005 年是纪念抗战的 60 周年，也是冼星海诞辰 100 周年。冼星海比马思聪大七岁，当时中宣部有一个座谈会，要求我做第一个发言人，我是认真地花了半个月时间学习研究他的资料，然后写了一篇发言稿，所以在学习星海的材料的时候，我看到了有关马思聪是如何帮助他进入巴黎音乐学院的。星海到法国以后非常困难，他穿的也很破，以致看门的人不让他进去，不让他进学校的大门。在这种非常困难的情况下，是马思聪把他的老师介绍给冼星海，或者换句话说把冼星海介绍给他的老师，说这学生很有才华，他老师就收下冼星海了，然后又进入杜卡斯办的高级作曲班。如果没有马思聪对冼星海的帮助，冼星海后来的学习道路我想将会更曲折、更困难，所以这是马思聪的一大功绩，因为冼星海毕竟成为我们伟大的人民音乐家。在这里我讲不出更多关于马思聪先生的历史贡献，但是在我脑子里他作为小提琴演奏家、作曲家、音乐教育家这个形象是非常牢固的，他对冼星海的帮助是具有历史性的，因此今天来纪念他、学习他、怀念他有非常重要的意义。

我祝贺会议圆满成功。

7

3.中央音乐学院院长王次炤致辞

尊敬的马思聪先生家属，尊敬的领导、来宾、老师们、同学们：

大家好！今年是马思聪院长诞辰100周年，也是他逝世25周年。马院长1950年任中央音乐学院院长，1966年文革期间离开中国旅居美国，直至1987年逝世。回想他在学院的16年，在美国的21年，以及逝世后的25年，中央音乐学院发生了翻天覆地的变化。虽然，马思聪院长已在另一个世界遥望，但中央音乐学院的每一步发展都与马院长所奠定的学术传统密不可分。

我是文革后进校的，没有见过马院长。以前，我曾听过一些他的作品，也读过一些有关他的事迹，但对马院长在创作、演奏和教育教学等各方面真正的成就了解得并不多。后来我读了李凌先生的两篇文章，一篇是《我所了解的马思聪》，另一篇是《马思聪三年祭》，以及苏夏、汪毓和、喻宜萱、陈洪、马之庸等先生写的论文和文章，才对马思聪院长有了比较全面的了解。2002年，学院举行了马思聪诞辰90周年的纪念活动，使我对马院长又有了进一步的认识。尤其是2005年学院着手编辑《马思聪全集》，并于2007年举行了马思聪诞辰95周年纪念暨《马思聪全集》首发式；在这次编写《马思聪全集》的工作和举办马思聪诞辰95周年活动的过程中，我了解到许许多多关于马思聪在办学和从事音乐活动的情况，并亲眼看见、亲耳听到马思聪的作品以及他的演奏，又使我深深地受到感动——马思聪院长真是一位了不起的音乐家！

马思聪是中国近当代音乐史上少有的集创作、演奏、教育和音乐社会活动于一身的音乐家，而且在音乐的每一个领域都达

8

到了当时的最高水平。在表演艺术上，马思聪曾被称为"东亚第一小提琴家"。在创作上，被誉为"中国国民乐派的急先锋"。他创作的作品数量之多、体裁之全面、质量之高在中国近当代音乐家中是数一数二的。他所创作的小提琴曲、管弦乐作品和声乐作品代表了中国近当代音乐创作的最高水平，尤其是小提琴作品，成为中国小提琴音乐的经典。作为音乐活动家，马思聪曾担任过中国文联副主席、中国音协副主席和《音乐创作》主编，还曾出任过肖邦钢琴比赛和其它国际音乐比赛的评委。作为音乐教育家，马思聪奠定了新中国专业音乐教育的基础，他的教育思想深深地影响着中央音乐学院几十年的建设和发展。他不愧为新中国专业音乐教育的开拓者和中央音乐学院学术建设的奠基人。

马思聪作为中央音乐学院第一任院长，他所倡导的办学思想，对学院以后的发展产生了极为重要的影响。从建院开始，他就提出了开阔的办学思路。在教育方法上，马院长一方面强调基础的作用，十分重视乐理、视唱练耳、钢琴等基本课程的学习；另一方面，强调技术和技能的训练。在教育观点上，他十分重视艺术实践和深入生活，同时又强调综合的文艺修养，早在1955年就指出："作为一个演奏家，一定要提高自己的一般文艺修养。"马思聪作为一名教育家的人格魅力，影响着几代教师和学生。他谦虚谨慎，富有爱心，又十分尊重和爱护青年人的艺术热情。马思聪虽然不善言辞，但他尊重艺术精神，实事求是，敢于说真话。他曾对音乐界当时在音乐创作上的一些"左"的倾向提出批评。遗憾的是，由于"文化大革命"马院长没能继续在中央音乐学院工作，最后在他乡病逝。但是，马思聪的艺术造诣、学术成就和他所创立的办学传统，一直深深地影响着中央音乐学院的建设和发展。

今天，我们通过纪念马思聪诞辰100周年活动，再次缅怀已故的老院长。我想，这次活动对中央音乐学院的教职工和学生来说也是一次深刻的院史教育和传统教育。我们从马思聪院长身上再次看到了中央音乐学院的光辉历史，并为马院长的学术成就和卓越的贡献感到由衷的骄傲和深深的敬意！马思聪是中国近当代音乐史上最杰出的作曲家、音乐教育家、音乐表演艺术家和音乐社会活动家之一，让我们永远纪念他！祝马思聪诞辰一百周年学术活动圆满成功，谢谢！

4.文化部艺术司副司长陶诚致辞

尊敬的各位领导、各位来宾、各位专家、老师们、同学们：

大家上午好！

今年是我国杰出的小提琴演奏家、音乐教育家、作曲家马思聪先生诞辰 100 周年。今天，我们聚会在马思聪先生曾经主持工作过的中央音乐学院，深切缅怀这位在中国近现代音乐史上发挥过重要作用的、对当代中国音乐发展起到过深远影响的伟大音乐家，这对于我们继承和弘扬中华民族优秀文化精神，繁荣社会主义音乐艺术事业，具有着积极的意义。首先请允许我代表文化部艺术司，对大会的举行表示衷心的祝贺，对长期以来致力于马思聪先生学术研究，致力于我国音乐艺术发展的各位专家、教授、老师们表示崇高的敬意！

马思聪先生作为我国优秀小提琴家，是中国早期到欧洲学习艺术的先行者代表，也是第一位考入巴黎音乐学院学习音乐的中国留学生，他凭借过人的演奏才华，早在青少年时期就赢得了"中国音乐神童"的赞誉。作为一位杰出的音乐教育家，马思聪先生 37 岁起便担任中央音乐学院院长职务，为中国现代音乐教育专业化发展奠定了扎实的基础，发现、培养了一大批杰出音乐人才，为我国当代音乐繁荣发展作出了重要贡献。

马思聪先生对中国近现代音乐最令人瞩目的贡献，还在于他丰硕的音乐创作成果。1935 年，马思聪先生完成了《摇篮曲》，成为中国小提琴曲的开山之作，小提琴创作也成为其最重要的创作领域。除了小提琴音乐外，马思聪先生在群众歌曲、艺术歌曲、大型声乐套曲、钢琴独奏、室内乐、交响乐、歌剧、舞剧、戏剧配乐等各个方面都留下了令人瞩目的作品。特别令人钦佩的是,马思聪先生十分注重作品的民族风格,他用毕生创作践行了自己的誓言——把每一个音符献给祖国!

虽然马思聪先生已离开我们多年,但他的人格魅力和艺术贡献显得愈发珍贵。改革开放以来,包括音乐界在内的社会各界人士也为纪念先生、研究先生做着不懈努力。1988年,在马思聪先生逝世的第二年,曾在广州隆重举办全国性的"第一届马思聪研讨会";1990年,在文化部和中国音乐家协会的支持下,在中央音乐学院的具体筹办下,"马思聪研究会"正式成立,研究会的成立对深入研究马思聪先生发挥了重要作用;2001年,广州艺术博物院特设"马思聪音乐艺术馆",收藏了包括1600多页乐谱创作手稿、书信手稿等在内的马思聪先生珍贵遗物;2002年,还举办了"马思聪诞辰90周年纪念活动"。

为了更完整、更好地保存和研究马思聪先生的音乐成果,2003年,中央音乐学院和广州市文化局合作编辑出版我国第一部反映马思聪音乐艺术的全集。我有幸全程参与了此项工作。2007年,经过4年努力,《马思聪全集》正式出版。《全集》分8卷共10册,另附作品CD13张,并于2009年出版《全集》"补遗卷"1册和作品CD3张。《马思聪全集》收录了马思聪先生全部的音乐作品、珍贵图片和文字,尤其是"补遗卷"中收录的作品均属世界或国内首次出版,对于后人全面了解、研究马思聪先生具有重要的史实价值。《马思聪全集》的顺利出版,既离不开各位专家的严谨治学,更离不开马思聪家人的积极配合。为了表示对马思聪后人的关心,广州市委市政府决定奖励其后人一套房子,并将马思聪先生及夫人的骨灰在使馆的陪同和见证下移葬国内,在广州麓湖公园里,在大理石雕塑下入土为安。

今年是文化大发展大繁荣,建设文化强国的重要一年,我们文化部艺术司积极推动中国的音乐艺术事业的发展,我们上报的

《文化部关于扶持发展歌剧、交响乐、芭蕾舞、民族音乐的阶段性指导意见》得到了中央领导的高度重视，我们刚刚举办的"首届中国歌剧节"、"第三届中国交响乐之春"和即将举办的"第一届李德伦全国指挥比赛"、"第二届西部交响乐周"等，都是贯彻落实《指导意见》的具体工作举措。在接下来的工作中，我们将一如既往地推动中国音乐事业的发展，也真诚地希望能够得到在座各位专家的指导和帮助。

最后，预祝本次纪念会圆满举行，谢谢大家！

5.上海音乐学院院长许舒亚致辞

尊敬的各位领导、各位前辈、各位专家、马思聪先生家属、各位老师、同学们：

上午好！

非常荣幸能与在座的全国的艺术界同仁聚首五月的北京，隆重纪念马思聪先生百年诞辰。在此，我谨代表上海音乐学院向马思聪先生致以崇高的敬意和深切的怀念！向本次活动主办方中国文学艺术界联合会、中国音乐家协会、中央音乐学院致以诚挚的祝贺和由衷的感谢！

作为 20 世纪中国著名小提琴演奏家、作曲家和音乐教育家，马思聪先生贯穿一生的音乐演出、创作和教学活动在中国近现代音乐发展过程中占据着非常重要的地位。马思聪先生是中央音乐学院第一任院长，他在担任院长期间对于中央音乐学院以及中国高等音乐教育格局的建设和发展都具有深远的影响。

纵观马思聪先生一生的艺术生涯，在音乐表演上，他是中国小提琴史上的第一人，其精湛的演奏技艺蜚声海内外乐坛；在音乐创作上，他毕生致力于中西音乐文化的融合，创作出《思乡曲》、《内蒙组曲》、《西藏音诗》等脍炙人口、中西合璧的音乐名著；在音乐教育上，他强调音乐表演、研究与教育的三位一体，熔铸了中央音乐学院这样一流的高等音乐教育学府，并培养出林耀基、盛中国等一批艺术大师。他的音乐创作观念和教育教学理念，对于今天中国音乐事业的发展仍然具有很强的启示作用。

近年来，对马思聪先生的学术研究也取得了突飞猛进的发展，最明显的标志是七卷九册《马思聪全集》的面世。非常有幸，在《马思聪全集》出版后，受王次炤院长委托，汪毓和教授代表中央音乐学院向上海音乐学院赠送了一套完整版《马思聪全集》，现收藏在上海音乐学院图书馆。在此，我不仅要代表上海音乐学院对中央音乐学院赠书盛情表示感谢，而且要对中央音乐学院以及"马思聪研究会"在马思聪先生音乐研究上的坚持不懈致以深深的敬意。

马思聪先生的一生鼓舞和激励着新一代中国音乐家和音乐学子，其儒雅温厚的品格、忠贞爱国的赤诚、艺术成就和人格魅力至今都是我们后辈学习的典范。在当今文化大发展大繁荣的大好建设环境下，我们更应不断努力，办一流音乐教育，出优秀音乐成果，弘扬民族文化，推动时代精神。

最后，预祝"马思聪先生百年诞辰纪念活动"圆满成功！祝中央音乐学院的办学取得新的辉煌！

谢谢！

6. 中国音乐学院院长赵塔里木致辞

尊敬的马思聪先生的亲属、各位前辈、同志们：

大家好！首先我代表中国音乐学院对中国文联、中国音协、中央音乐学院隆重举办的"马思聪先生百年诞辰纪念活动"表示崇高的敬意。

我们都知道良好的学术传统是一所大学的灵魂，马思聪先生对中央音乐学院创建一流这样一个历史的过程，留下了宝贵的精神方面、思想方面和创作表演实践方面的珍贵遗产。

他说"我要把每一个音符献给祖国"，表达出一个有良知的知识分子的学术追求，他说在创作中极端重要的是"拥有浓厚的民族特色"，这是他始终追求的创作理念和他创作核心价值所在。

他在他教学创作实践活动中关于普及和提高关系的理念和实践，以及在他的创作中关于中西体用关系的一个实践，给我们留下了宝贵的学术思想，在音乐教育方面他说"诚心诚意做一头孺子的好牛"体现了他在人才培养、无私奉献的高尚品德，所以马思聪先生的实践活动给我们留下了宝贵的学术思想和实践成果，需要后人去薪火相传，去敬畏它，进一步去发展它，这不仅仅是中央音乐学院要传承和发扬的，而且也是兄弟院校应该去借鉴和创新的。

祝愿这次系列的音乐活动能圆满成功。谢谢。

7.天津音乐学院院长徐昌俊致辞

各位来宾，特别是马思聪先生的亲属：

大家上午好！非常高兴能受邀出席这个非常有意义的"马思聪百年诞辰"的纪念活动，在此我代表天津音乐学院向举办此次活动的中国文联、中国音协以及中央音乐学院马思聪研究会表示感谢，并向研讨会成功举办衷心的祝贺。

作为一个出生在50年代的音乐学子，我非常记忆犹新，马思聪这个名字是每一个在中国学习音乐的人都无法回避的名字，它很响亮，但是也很神秘，有的时候还有些讳莫如深。我记得在学习音乐之中翻看发现这是个大的人物，努力地想去多了解他一些，但是在70年代甚至在80年代初不是很容易去找到一个很完整的、清晰的了解一个音乐家的文献和资料，这是由于历史原因造成的，历史的遗憾。幸运的是"粉碎四人帮"、"改革开放"，我们的国家走上了正确的发展道路，我们的文化、音乐教育都得到了长足的发展，我们也越来越有机会了解历史，了解真实的历史，了解为中国音乐教育事业作出卓越贡献的历史人物。

还有一个记忆犹新的事情是2007年受王次炤院长的委托，我代表中央音乐学院出席了在广州麓湖公园，马思聪先生夫妇骨灰落户广州的活动，当时陶诚司长还是广州文化局的局长，还有沛东书记、吴祖强老师都去了。我记得揭幕的时候非常感人，飘荡的《思乡曲》的音乐，不断地循环播放，大家在一起缅怀先人，是一个那么感人的时刻。我觉得深受教育，我也感到很欣慰，我们终于能够真正地、彻底地拨乱反正、尊重历史、缅怀先人。

　　所以今天在这里举行这样一个活动，我和大家一样我们都是非常有意义的，缅怀先人、尊重历史，也同时对我们是一个很好的教育，就像王院长刚才说的那样对我们是一个教育，是让我们更好地继承传统、开拓发展，把我们中国音乐教育事业的优良传统继续下去。

　　再一次向研讨会表示祝贺，祝大会圆满成功！

8.中央音乐学院党委书记郭淑兰
总结发言

尊敬的马思聪先生的亲属、尊敬的各位领导、各位专家、老师们、同学们：

大家好，今天我们在这里隆重举行"马思聪百年诞辰纪念活动"，刚才诸位领导和专家分别发表了真挚感人的致词和讲话，我们在这里缅怀我们所尊敬的中央音乐学院首任院长马思聪先生，来学习、研究和弘扬马思聪先生的音乐教育思想、艺术精神以及他对音乐事业所作的贡献，这对于音乐界和音乐教育界的同志们，应该说都具有十分重要的教育和启迪的意义。

马思聪先生是中国著名的作曲家、小提琴演奏家和音乐教育家，他为我国音乐和音乐教育事业作出了杰出的贡献，我主要想讲三个方面，对音乐学院的贡献、对音乐教育的贡献、对音乐事业的贡献。

作为中央音乐学院的首任院长，从建院一开始他就提出了开放的办学思路，在组织架构上他就建立了教学、学术研究和当时的音工团，其实就是实践这样一体化的格局，也奠定了中央音乐学院教学实践这样一个基础。在教育思想上，他特别重视基本功的训练，十分重视乐理、视唱练耳、钢琴的基本课程的学习。他一再强调学习音乐路子要正，基本功是演唱演奏的钥匙，有了它就能打开一切大门，走一条直路到目的地。"在学生时代，我们学习的是前人的经验、老师的经验，这是打基础的时期，基础就是一块块砖头垒上去的，绝不能砖头之间空一档，那就危险了，

19

基础要打得扎实，才能称得上高楼大厦，这是要下很大功夫。"特别是他认为不同的表演艺术有不同的基本功的理解，比如对小提琴来说，音阶、练习曲是基本功等。因此在他的教育思想中，重视基本功是他非常重要的思想。

第二是他的大爱的教育思想。他珍惜人才，他在任的时候将林耀基和盛中国这样的少年，招收到少年班。当时在音乐学院培养的学生的数量来说没有现在那么大，但是培养的人才的成才率是非常高的，比如培养出像我们国家著名的小提琴音乐教育家林耀基、小提琴演奏家盛中国。

第三就是他在教育方法上，特别强调在勤练和巧练上，有很多的讲话，就是说光勤练不行，还得有巧练。还有关于艺术和技术这个问题上有很多的讲话，我想对中西音乐的如何整合这方面他还有一些教育理念。

第四就是强调综合的文艺修养，他说作为一个演奏家，一定要提高自己的文艺修养，多看一些好画，多听一两支优美的曲子，多阅读一些优秀的文学作品，对提高一个人的精神境界、培养高尚的情操，都是很有帮助的，现在我们有些学音乐的青年对增长知识方面实在注意得不够，学音乐就只管吸收音乐方面的知识，这是不够的。我想这个是对我们现在的音乐学习是有非常重要的意义。可以说马思聪先生的这些教育思想是十分珍贵的，他深刻地影响了中央音乐学院的建设和发展，也深深地影响到几代的教师和学生。作为音乐教育家，马思聪奠定了新中国专业音乐教育的基础，他的教育思想深深地影响着专业音乐教育事业的建成和发展，因为马思聪的思想不仅是中央音乐学院的，也是整个我们新中国的专业音乐教育思想，可以说他不愧为音乐专业教育事业的开拓者之一。

作为作曲家和小提琴演奏家他给我们留下了丰富而宝贵的精神财富。在创作思想上突出体现他情系人民的思想，他用热情和音乐来讴歌人民的生活，他在 1955 年《人民音乐》第 8 期发表文章说："劳动人民是伟大的诗人、艺术家，因为一切幸福、美好的东西都是从他们手里产生出来的，我们音乐工作者就要通过各种音乐形式来歌颂他们。"作为作曲家他心里是装着人民的，他说中国的音乐家们除了向西洋学习技巧还要向我们的老百姓学习，他们代表我们的土地、山、平原与河流，新中国的音乐不会是少数人的事，它是蕴藏在四万万颗心里头的一件大事。在作品创作上，他毕生致力于中西音乐的融合，特别是作为早期到国外留学的人员，回国后他认真地学习和研究民族民间音乐，他特别注重对中国民歌的学习研究，对小提琴音乐创作的民族化方面作出了杰出的贡献，成为中国小提琴音乐的开拓者，他创作的《思乡曲》已成为演绎中外的中国小提琴音乐的经典。

从刚才各位专家和领导发言中，我自己也从阅读有关纪念马思聪那些文集中，使我们更加全面地了解、认识到马思聪，马思聪的一生为我们创造了宝贵的精神财富，为新中国的音乐和音乐教育事业作出了杰出的贡献。刚才有很多跟他共过事的专家回顾了很多他很有趣的故事反映出他的人格魅力，他为人低调、儒雅，而且善良，马思聪的一生也充满了坎坷和忧伤，文革期间所遭受的不幸、所造成的巨大损失对我们来说都是非常遗憾的。1985 年，中央音乐学院党委提出了为他平反，在那时候他已经 78 岁，非常想回国，但是至 1987 年逝世也未能回来，给我们也留下了遗憾。

今天我们在这里纪念马思聪先生，对我们来说不仅是给我上了一堂生动的近现代音乐史课和音乐教育史课，也对我们所有参会人员可以说也有深刻的教育和启示，我想主要有这么三点启示：启示之一，要尊重知识、尊重人才，尤其是刚才陈自明老师讲了为马思聪先生平反的事实，我想党和艺术家的关系应该是亲密的、朋友的关系，党对文艺工作、对艺术家要多尊重、多关爱、多包容、多激励。为艺术家营造宽松、和谐、愉快的工作氛围和环境，为艺术家搭建更大的舞台，来充分展示他们的才华，为我国的文化艺术事业的繁荣和发展贡献智慧和力量；启示二，不忘历史、以史为鉴，继承和弘扬优良的音乐教育传统，好的传统是长期积累形成的，好的传统也都是在我们的音乐家和音乐教育家的身上，通过举办纪念活动来认真总结学习和弘扬这些好的传统来内化为推动学院发展的力量；启示三，要建立长效的机制，为学院的老教授、音乐教育家们举办从艺、从教的生日庆祝会和学术活动，这已经成为中央音乐学院的一个传统、一个机制。要把这些活动建设成为学院最精彩的音乐史和音乐教育史的讲堂，我问过我们的学生，你们在音乐史课上怎么来介绍比如说马思聪的，有些内容可以通过纪念会这样的活动更加丰富我们的课题，更加生动，有很多是在课堂上不能讲到的，我想把它建成一个非常精彩的讲堂，要后人永远记住，凡是为音乐和音乐教育事业作出显著贡献的人，我们后人要永远地记住他们。

今天我们纪念马思聪就是要学习、传承、弘扬他的严谨治学和精益求精的艺术精神，他所作出的杰出的艺术贡献和建立的音乐教育的一些传统，以此来激励中央音乐学院更好地建设和发展，我想这也是我们对马思聪先生的最好的纪念。最后，我在这里也要非常的感谢这次主办方：文联、音协、我们音乐学院所有的各个参与的部门以及为这次纪念活动给予大力的支持和帮助的单位和个人，对参加今天会议的所有的各位领导、专家和来宾们表示非常感谢，因为这次筹备的工作做了大量细致的工作，让大家对马思聪更加了解，所以我对大量支持和帮助的所有的单位和个人表示最衷心的感谢！

最后，预祝"马思聪百年诞辰"系列纪念活动圆满成功，谢谢！

22

二、亲朋好友的回忆

1. 马思琚（马思聪胞妹）感言：

各位领导同志、各位来宾、各位新老朋友：

你们好！今天我来参加"马思聪百年诞辰纪念会"，心情非常激动！我作为中央音乐学院的教师，回到学校像是回到娘家一样高兴。同时我要代表马家成员感谢组织推动支持这个活动的文联、音协、音乐学院的领导、老师和同学们，向你们致以深深的谢意。

马思聪是我的三哥，他的小名是"艾"，我们都叫他艾兄，他是我的音乐启蒙老师。那是 1934 年，我们一家子住在上海，他在南京中央大学兼课，晚上就从南京回到上海。当时没有老师也没有钱，他就先教我小提琴，后来又教我大提琴，没有谱子他就临时写谱子，我进步很快，后来没有谱子了，当时三块多钱一本练习曲。这时候他教学很活的，当时我大提琴学了半年了，我就喜欢《天鹅湖》，我就试着用颤音拉了，拉了以后好听，他一听，说："你喜欢颤么，那就颤吧。"他的小提琴再加上我们姐姐的钢琴，我们曾演奏门德尔松的三重奏，后来他说："干脆我们就做个五重奏"——加上我妹妹的中音提琴，马思宏的小提琴，就是五重奏，这个从来没有实现过。一年多我就跟我姐姐夫妻去广州，"七·七事变"后，就各奔前程了。马思宏是很好的小提琴家，在美国是拿到海费兹奖的第一位东方人，也是马思聪的学生。所以马思聪影响到我们，还有我们的后代，虽然不是专业学音乐的，但是没有马思聪，也就没有我们的音乐人生，我也不会

23

在这里跟大家一起庆祝这个诞辰纪念会。

从纪念的角度来说，我对他也是衷心的感激和深切的怀念。他很安静的，童年中伴随他的就是一个砚台，一支笔，还有中国的诗词、《论语》等古文。同时，他的脾气又是很倔的，我大哥会点儿小提琴，马思聪11岁时大哥问他"你喜欢吗"，他说"喜欢"，大哥记住了。去法国前大哥说你别想家，他说不想。可是这是小孩子的话。真正到了法国，开始时他不会法文，就像一个囚犯，所以他这样过的很寂寞。我想《思乡曲》是寄寓了他小时候这种怀念自己家乡的情感。他18岁回到中国，继续搞他的作曲，他不但学了小提琴、钢琴、作曲，也对法国的文学、哲学、绘画、中国的文化都有研究。他书法也不错，都是自学的。

在我印象里面他是很勤奋的，不太看到他出去玩，从不浪费时间，把自己的一生都投入到演奏、作曲、音乐教育事业上。而且他对我母亲很孝顺，有时候跑到我母亲房间去问母亲要听什么，就拉琴给她听，《思乡曲》、《摇篮曲》、《圣母颂》，自己练琴，也给母亲解解闷，有段时间我跟他住在一块儿，目睹了他对家庭、对母亲非常好。

另外马思聪的为人处事非常实在，但是有点固执，从小就显出来了。讲两件事：一个是11岁以前他在老家上小学的时候，听母亲说的，老师来告状，说他逃学，母亲拿着杆子就追着他，问他为什么逃学，他说"老师不会笑"，为了这个他就逃学。

另外一个就是他跟我嫂子恋爱，大概21、22岁的时候。中午吃饭的时候，他就说"别点了太贵，今天钱不够"，于是就找一个很小的铺子，点菜的时候我点的一碗牛肉面，两毛钱，你猜他点的什么？阳春面，就这样解决，这就是他谈恋爱的时候。很实在的，毫不隐瞒，觉得穷也不是什么耻辱，就讲这两个故事。谢谢！

24

2. 黄飞立：怀念马思聪先生

我最早真正和马先生见面认识是 1947 年初。马先生从内地回到广州，在广东省立艺术专科学校当音乐系主任。我是 1946年到广州，在广州基督教青年会工作，同时在广东省立艺术专科学校兼职当合唱课老师。那次见面是由艺专任教的黄友棣先生介绍、引见的。（黄友棣是很有名的作曲家，他解放前去了台湾，在台湾很有影响。不久前去世了。）

在这以前，我只听说过马先生，但从没有见过面。反而是抗战时在上海和他的几个弟弟妹妹思琚、思芸、思宏玩得很熟，特别是思宏，我和他经常一块搞电影配音。当马思聪先生第一次作为神童回中国时，我还很小。马先生比我大五岁，我还是把他作为是比我大一辈的长者。在我心目中，他是我很敬仰的大专家，是中国音乐界的重要人物，抗战时在内地作了很多贡献。可是和他见面，就一见如故，和蔼可亲，没有架子，很谈得来，并没有看不起我的感觉，就好像多年老友一样。他回到广州后就着手创作《祖国大合唱》。他写一段，我就排一段。后来在广州基督教青年会礼堂首演。男高音独唱由当时很出名的歌唱家罗荣钜担任，合唱队是广州艺专合唱团和广州基督教男女青年会合唱团联合组成的合唱团，马先生每次排练和最后演出都是亲自弹钢琴伴奏，我指挥。那次演出很成功，影响也很大。可惜这个很好的作品和很好的演出只演了一场就被国民党禁演了。现在很多人都不知道这个作品的首演情况。马先生不久后也离开艺专，去了香港。《祖国大合唱》在香港也演过一次，是严良堃指挥的。这次反而被认为是首演。

1947年下半年，我也离开青年会去了香港，这期间我和马先生和马太太王慕理在香港见过几次面。记得有一次在马先生家吃饭，还有胡乔木一起。他们谈了一些时局的问题。我那时对政治糊里糊涂，只认为好容易抗战胜利了，又要打内战，中国人打中国人，真不应该。饭后我提前离开去看新放映的美国电影《出水芙蓉》。此后直到1951年我到音乐学院工作，我和马先生都没有见过面。

在广州的时候，我和马先生、黄友棣经常一起搞一些演出的活动。我们一同到过中山大学、暨南大学和在青年会举行过音乐会。马先生独奏，和我或黄友棣拉二重奏，马太太弹钢琴。有时，还和马太太的弟弟王友健一起拉室内乐。

广州基督教青年会，就在长堤海珠桥旁边，只要交不多的会费，随便什么人都可以参加，也不一定是基督教徒。青年会里有德育、智育、休育、群育和美育等几个部门，我在群育部，任主任干事，专门搞音乐活动。青年会有个大礼堂，可以坐几百人，礼堂的音响挺不错。我在那里搞唱片欣赏会、合唱团，又常常以青年会的名义为许多音乐家举办音乐会。我主办的音乐会，都是质量很好的。我的原则是这样：水平好的，没问题，我打上"青年会主办"的牌子。宣传、票务、场地等等都不用你管，到时候你只要上台演出就行。演出后的收入分成，青年会拿小头，三七开或二八，我说了算。水平特别好的，比如马思聪来开独奏会，全部收入归他，我们分文不取。但如果你不够格，那就另说了——你也可以来租我的场子，但我只收场租，别的事情一概不管。我替马先生举办过他的独奏音乐会，还有喻宜萱、从前上海音专的很出名的女高音辛瑞芳、男低音胡然、香港很出名的俄罗斯钢琴家夏里阿、解放后在天津音乐学院的声乐教授胡雪谷等，我都替他们主办过音乐会。

那时和马先生的接触比较多。当时法国的领事在广州。他有

26

一次跑来找青年会，说他经常在领事馆有一些社交活动，要请一些名人宴会，宴会以后，举行小型的音乐会来招待客人，希望青年会帮他解决这个问题。我就答应给他组织这个小型演出。大概有四、五次。先是我自己去，后来几次，还请过罗荣钜、马先生、还有李素心等人参加。李素心跟马先生的太太学过钢琴。她是我的同学邵明耀的女朋友。解放后她一直在广州星海音乐学院，当过钢琴系主任。我在广州开独奏音乐会就是她给我弹的伴奏。可惜不久前去世了。我把他们都组织去法国领事馆演奏过。当时在广州许多社会的或政界的名人都听过我们的演奏。1948年，我为了筹款去留学，在青年会举行过两场独奏音乐会。马先生和那个法国领事都为我推销门票，出席我的音乐会并送了花篮。第一次音乐会中间休息的时候，马先生拿着一把小提琴到后台来对我说，这把小提琴是刚买的一把意大利古琴，他叫我试拉一下。我拉了几下，的确是一把好琴。马上下半场要开始了，马先生叫我，下半场你就拉这把琴吧，让我在下面听一下。我就用这把琴拉完下半场的节目。解放以后，这把琴一直和马先生在一起，我还听过马先生用这把琴开的独奏会。马先生还把这把琴借给他的学生、包括林耀基用过。几年前，广州要成立马先生的纪念馆。一位负责人来北京访问过我，说这把琴丢失了。我后来问过林耀基，他说，他的确借用过，但"文革"前早就还回去了。这把琴至今仍没有下落。

　　1951年，我在耶鲁大学读完音乐学士学位。马先生、缪天瑞先生都写信叫我回来。马先生在信中特别说，"我们新成立的中央音乐学院有合唱队、有乐队，你回来吧，这里大有你用武之地"。我本来想留在耶鲁继续读硕士学位。耶鲁的院长和我的老师兴德密特也都劝我留下。但那时朝鲜战争已经爆发，我们也已经开始抗美援朝，加上我的大儿子已快三岁，我还没见过他，再加上当时美国已经开始为难中国留学生不让回国，开始是对学理工的，例如钱学森，不许回国。对学文的还没有开始限制。我很害怕如果被留在美国就不能回国了。所以我决定回国。

回到广州，广州的华南文工团很想把我留在广州。那时正赶上中央音乐学院派教务主任王宗虞先生和张洪岛先生、苏夏先生到广州招生。他们带着马思聪先生和缪天瑞先生的信，催我到天津。我考虑，觉得还是应该来北京。毕竟马先生和缪先生都是老朋友，北京的音乐环境也一定比广州好，所以就决定来中央音乐学院。来到天津，到了十一经路的学校收发室，正好是周末，根本没有人知道我来。收发室的丛树海赶忙打电话。马先生和马太太很快就来了。当他们发现学校打算安排我住在操场后面的一间小平房时，马先生和马太太就说："怎么能让你住这个地方！不行不行不行不行。"那平房的确很简陋，自己烧火做饭不说，用水、上厕所还要跑到楼外露天的地方。他们马上就拉我们到他们的家。就这样，我们一家三口就住进了马先生家大约至少两三星期。

马先生当时是特殊待遇，住在马场道的一栋三层楼的洋房里，学校专门给他配了汽车和司机。他很勤奋，每天清早起来就进书房作曲。那些天他还约了杜鸣心和王友健来，我们在一起拉过几次四重奏。马先生很爱才，他介绍我认识杜鸣心、朱起芸的时候，都夸他们怎样怎样好和有才能。

到中央音乐学院工作以后，虽然又和马先生一起工作。但那时是音乐学院成立的初期，他很忙，工作和活动也比较多，认识的人也很多，特别迁回到北京以后，我们就没有那么多机会私下和他接触了。但是他还是有好多次接我到他在阜成门住的地方，请我们吃饭、聊天。马先生是一个比较内向的人，王慕理讲什么，马思聪也不吭声。

我和马先生接触后，我感觉到马先生在民主革命时期，他的确是非常爱国，做了很多对国家有贡献的事情。但是到了音乐学院，对他并没有感觉到像他给我写信那样。尽管表面看起来，国民党也好、共产党也好，对他都很尊重，这是事实。但我个人感觉，他并没有得到让他充分的发展的机会。相反，特别是在"史无前例"的运动中使他受到的那些非人的待遇以及他在各个方面的、无法估量的损失，这我就不愿多说了。

马先生和马太太对我和我一家真是一直非常好的。完全不是领导与被领导的样子，而是像一个亲属，亲密的老朋友那样，热情、亲切、坦诚、关怀、照顾。在天津开始在他家住了一阵以后，学校把我安排在十二经路的一座小洋房和张洪岛先生、喻宜萱先生等住在一起。但马先生或马太太总是经常来看我，每次都对我问长问短的。有一天靠近中午，我的儿子安伦在院子玩，不当心被铁门夹伤了手指，鲜血直流。我当时不知所措。幸亏马先生刚从学校回家顺便先来看我。他看见以后就马上让他的司机送我们上医院找了他认识的一个很有名的外科大夫替安伦消毒、缝针、处理。马先生一直陪着我们，送我们回家，然后他自己才回家。第二天马太太又来看望我们，问安伦的情况。

1951年9月学校开学，11月人事科主任就来问我："现在天津去湖南的土改工作队还有两个名额，其中一个给了钢琴系的李昌荪先生，另一个名额可以给你，你去不去"？我那时根本就不知道土改是怎么样的一回事，但听起来好像是一个难得的待遇和机会。我就决定说："去。"一去就是半年多，经历与贫农同吃同住同劳动的"三同"，还有发动群众，斗争地主等等。这期间我的老伴赵方幸一个人，加上我的七舅妈专门从广州来帮忙，带着三岁的黄安伦，留在天津家里。不久赵方幸就病了。马先生和马太太知道了就马上把她送去医院，找了最出名的大夫检查，最后诊断是感染了肺结核。又送回家养病。这期间，马先生和马太太像亲人那样经常来看望赵方幸。这是我最感动，不会忘记的一件

29

事。在天津周末时，马先生经常接我们一起去"干部俱乐部"玩，在俱乐部吃饭。

马思聪是很认真的。我和他的聊天并不算多，和马太太倒是很多聊天。但马先生给我说过一些事情，给我很深的印象，他说："作曲要每天都要写，不能停，写得不好不要紧，改写就可以。许多大作曲家的作品都是经过多次修改的。"他叫我一定要认真学好马列主义。那时候我对于什么马列主义、国民党、共产党，政治，阶级斗争等等，都糊里糊涂。但是他要我学好马列主义。为什么呢？他说，学好马列主义，才能跟一些干部们谈马列主义。有些人嘴里是马列主义，其实不是真马列主义。只有学了马列主义，才能分辨出哪个是真马列主义；懂了马列主义，才能够用马列主义和他们对话。

1956 年"全国音乐周"时，我们还在天津，我指挥马先生的《第一小提琴协奏曲》，盛中国拉的独奏。马先生没有对我指挥的处理提出过意见。他说，作品写出来，应该由演奏者按他的理解去处理，这样才有艺术的个性。除非你作曲者自己演奏或指挥，也不一定和原来写作时一样。

那时，我还用民歌写过一个四重奏；写过一个钢琴曲，王耀玲还弹过，我给马思聪看过，他看完以后，建议我作修改，当中有一段可以把主题的声部放到内声部。黄安伦那时已经开始"作曲"了，钢琴曲《小白兔》啊，《火车》啊，什么的，马先生来看我们，就说安伦有想象力，说钢琴、视唱练耳是基本功，一定要趁早给他打好基础。

文革开始后，各个系每天都有学习会，赵沨和马思聪的大字报多的不得了，我还比较懵，不懂。"文革"初期，让我们去社会主义学院集中"学习"。有一天宣布，学习结束，你们回去各单位参加运动。我就洗了一个澡，换了一身新的干净的衣服，因为是夏天，穿短裤。回到学校离大门口不远的地方下车，就听见学校里锣鼓喧天的，喊口号的，不知道是怎么一回事。一走进大门，垮塌一下，我的背上就热乎乎的，原来是刚煮好的糨糊！后面再贴一个"反动权威"。同时人们在高叫"马思聪大吸血鬼"，"打倒×××"……赵沨院长被戴上纸糊的高帽，身上披着一张羊皮，说他是披着羊皮的狼，敲着脸盆，游街。然后都站在大礼堂前面，让大家对着我们喊口号，批斗。萧淑娴老师的高跟鞋都不知道扔到哪里去了。那天，我完全懵了，不知道什么回事。然后，要去劳动、拔草。拔草的时候，不知是谁，硬要马思聪吃草。直到晚上，才让我们休息。住在五号楼后面的黑帮院，赵沨院长、马院长和我们分开住，我是专门打扫厕所的，所以住在一个黑帮院，却是没有什么机会见面，晚上劳动完后，都是个人写汇报、检查什么的。到了批判资产阶级反动路线时，我们自己就写大字报，宣布我不属于敌我矛盾，可以回家，周一还回劳改队。那天，管我们"黑帮"的那个甄师傅，就喊我："黄飞立，马思聪来了没有？"我说："不知道。"后来才发现马先生没有回来。这样就没有再见过马先生了。

关于马先生是如何出走的情况，我很久都不清楚。后来马先生的女儿马瑞雪写了一本书送给我才知道马先生出走的情况。马思聪先生的遭遇，真是我们音乐界到全中国的一个悲剧，一个大损失。

文革结束后，马思宏来过北京，我托他带个口信，问马先生和马太太好。马思荪在香港的时候，和我妈妈很熟，住得很近，经常一块喝茶聊天。有一次我去香港，也和马思荪见过面，当时还有别的人在场，没有太多谈到马先生和马太太的事情。

一直到1987年，耶鲁大学请我回访母校。我打算到美国后一定要先到费城探望马先生。飞机票都买好了。可惜我经过香港，就知道马先生去世了，但是我还是预备去探望马太太。到了旧金山又知道马太太去了香港。这样我就没有去费城。直到1993

31

年，我再次去美国和加拿大，在多伦多的时候，我才有机会打电话给马太太。我们通了两次电话，每次都谈上半个多钟头，可惜就是没有机会见面。

我和我一家永远怀念马先生和他的一家。

马思聪先生永垂千古！

3. 韩中杰: 缅怀马思聪先生

今天参加这个会我感到非常的激动, 也非常的高兴。

我跟马家的兄弟姐妹几个音乐家都打过交道。我十岁的时候, 在当时青年会听他演奏《思乡曲》, 把我迷的要命, 虽然后来我没有学小提琴, 但这也帮助我树立了一个学音乐的决心。虽然马思聪比我大8岁, 但感觉好像是上一辈。他在家里虽然不是老大, 但在马家的音乐家里他年龄最大。我跟马思琚是同班同学, 1944年同一年从上海音专毕业。跟马思聪大妹弹钢琴的马思荪也算是前后同学, 老大姐了, 还给我弹过伴奏, 她先到青木关教书, 后来我也去了; 马思芸也吹长笛, 自然更熟。我最先认识的是拉小提琴的马思宏, 我们一起在上海搞电影配音, 录过许多音, 他没有进过音乐学院, 可是他小提琴演奏水平非常高超, 当年他骑一辆"叶牌"跑车, 我的车子没他的好, 他总是跑在前面。

在上海的时候马思琚、马思宏和我一起找弗兰克学和声, 那时刚刚毕业。虽然在学校也学过, 但那是共同课, 讲得不深, 用的是里姆斯基-科萨柯夫的教材, 比较老。弗兰克教的和声学比较新, 跟里姆斯基-科萨柯夫那一套很不一样, 后来我们分析作品都用弗兰克教的方法。弗兰克是犹太人, 上海当局规定他们只能住在圈定的虹口区, 不能住在市里。结果他很辛苦, 每次要从提篮桥跑到城里给我们上课。有时在马家, 有时他借用朋友的房子, 在静安公寓上课。

抗战爆发之后许多有血性的人都不愿意呆在日本人占领的上

海。大概1939年我约了黄飞立想走，还有程静子，她的先生章彦已经在国统区了。结果我家里因为我是长子长孙，年龄也小，就是不让走。后来黄飞立到了福建，跟他太太就是那时认识的。过了一年在西安当院长的赵梅伯邀请马思琚，我也很想一起去，家里还是不让。再过了一年，我已经订婚了，有了伴，而且我姑姑已经在重庆，家里这才答应让我出去。那时马思荪在吴伯超当院长的音乐院教钢琴，我去了教长笛。那时马思聪已经离开重庆，我们在重庆没有见过面。

我跟马思聪接触比较多是在解放后，他已经是中央音乐学院的院长。第一次业务交流是1953年演出郭沫若的话剧《屈原》①，马思聪重新作了曲，那时还没有中央乐团，由中央歌舞团的乐队演奏，担任指挥的是从法国留学回来不久的张宁和。排练过程中张发现总谱上有些音符好像是笔误，就向马思聪提出，要他修改。也许是说话的方式方法不好，马思聪拒不接受他的意见，两个人就顶起来了。马思聪的和声已经不是传统的和声，有更多的不协和音，有的地方两个调同时进行。他认为张还用老的框框看和声，都当作笔误。而且刚刚工作的一个小青年理直气壮地挑他的错，他不能接受。当时他的地位很高了，解放前从来也没有这么高的地位。马思聪不要张指挥，事情就搞僵了。团长李凌、周巍峙叫我去救火。我去弄了几下，发现确实有几处笔误。音符写错了地方，跟和声的新旧是有区别的，但是我没有采取张宁和的方法。一次我带了总谱去找马思聪，开头他还不认为是笔误，一处、两处、弄到三、四处，他答应"考虑考虑"，开始松动了，后来他都给改了。大概演过一次以后朝鲜停战了，国内要派慰问团赴朝，中央乐团也要去，我正在指挥《屈原》的演出，本来没

① 郭沫若的话剧《屈原》曾于1942年在重庆演出，刘雪庵写的配乐和插曲。1953年重新演出时周恩来决定让马思聪重新写配乐。

有叫我去，后来因为廖承志听过我吹长笛，大概比较欣赏，点名要我参加慰问团，李凌就把我派到朝鲜去了。《屈原》已经演出过，谱子问题也解决了，我走了以后还是张宁和接手指挥，太平无事了。

这以后马思聪对我有些印象了，其实我在上海也跟马思聪见过面，只是没有业务上的接触，仅跟他弟弟妹妹都熟。后来他把《山林之歌》的总谱交给我们，这个素材是云南一个音乐工作者寄给他的，他写成交响音诗，手法比较新颖。这之前他写过《欢喜组曲》，没有正式演出就受到批评否定，说是形式主义。李凌生怕《山林之歌》出现同样的问题。我排练过，觉得有些新的东西还可以接受，就演出了，还灌了唱片，录音的时候马思聪始终在场。1955年参加世界青年联欢节的时候，我还把它带到联欢节上演出，很成功。

后来我出国留学了，回来以后有更多的合作，首演了马思聪多部作品，都很顺利、愉快。有时马思聪也自己指挥，但是乐队反映不习惯，所以大部分时间他让我来。

我原来一直是把他当作长辈，是崇拜的偶像，之后一起合作多了，拉近了距离。李凌、周巍峙他们对马思聪也非常崇敬。后来"左"的思想比较厉害，"土洋之争"等等把洋的东西都看作是资产阶级的东西，我们这些人当时都是受冲击的，日子不好过，但是也没有像马思聪厉害。

应该讲，马思聪这一家对我们中国的历史是有着很重要的作用的。

4.陈自明：关于马思聪平反的
一些情况

马思聪的平反比较复杂，由于今天时间有限，我只能简单地向大家汇报一下。1976 年四人帮被打倒，人民欢欣鼓舞，在胡耀邦的主持下，平反了大量的冤假错案，如所谓"叛徒"、"右派"问题等。但直到打倒四人帮七年后的 1983 年，所谓"马思聪叛国投敌案"仍未平反，马思聪的问题仍是禁区，他的所有音乐作品都不准演出，更不能出版，甚至有的书中用了一个马思聪作品的谱例，也必须挖掉，才能出版。

在中央音乐学院的很多教师对此都很不满，觉得不能学习、表演马思聪的作品是一大损失，但对于上面的禁令，也无可奈何。1978 年我的"右派"问题得到了改正，1983 年 11 月我被任命为院党委副书记，进入领导核心。在第一次碰头会上，我就提出要给马思聪平反，但由于我提得突然，大家没有思想准备，也有些顾虑，没有取得共识，只得暂时放下。

到了 1985 年，开始了全国性的整党，主题是彻底批判十年内乱的"文化大革命"，这应该是为马思聪平反的好机会，我曾提出中央音乐学院要彻底批判"文化大革命"，马思聪一案是不可回避的。但也有人认为："马思聪是个大人物，是文联、音协的头面人物，他们都不管马思聪的平反问题，我们干嘛要去管？"还有人说："什么事情都要听上面的，上面没有精神，自己去干会有风险。"，"马思聪写过攻击文化大革命的文章，还去过台湾，怎么能平反？"而且，据说我们的上级——文化部的有些人也有类似的看法。

有一次，我在北京市委召开的统战会议上发言，提出要为马思聪平反，当时《人民政协报》的一位女记者很赞成，并向我约稿，但到第二天，她马上打电话给我，说报纸的编辑不同意，因为这问题很严重，是为叛徒翻案，上面没有精神，不能登这样的稿件。

但也有人支持我的想法，北京市委大学部整党工作组的几位来自北工大的教师就曾经向我院党委办公室提出，中央音乐学院有67位干部应落实政策，为什么马思聪没有落实政策？这位干部强烈反驳："马思聪是叛徒，怎能落实政策"。后来中央音乐学院党委为马思聪问题开了两次会，统一了认识，请汪毓和同志写了一篇分析马思聪一生的文章，约3000字。同时还去北京市公安局查阅马思聪的材料，即江青、谢富治批示的"001号马思聪叛国投敌案"。在此基础上党委作出了决议，否定了马思聪叛国投敌，而是受迫害出走，并正式发函给公安部。同时，我还托人将党委决议和有关材料交给了党中央负责落实知识分子政策的习仲勋同志，得到他的首肯。

看来公安部还是比较讲政策的，20天以后，我们收到了公安部的复函，同意中央音乐学院党委的意见，马思聪是受迫害出走，予以平反。在此时我们才上报了文化部，文化部长朱穆之比较开明、宽容，没有追究我们不请示的问题。但是，有一位更高层的领导却直接打电话气势汹汹地斥责我们："这样大的问题，为什么不请示我，你们敢自己干，胆子也太大了。党中央怪罪下来，怎么办？"

还有一件怪事，就是北京各报都不敢发此消息，因为没有听见过上面有什么精神或风声，怕犯错误，因此最早发出马思聪平反新闻的是广州的《羊城晚报》，接着是上海的《解放日报》和中国新闻社。同时，我们又再次受到斥责："报纸上发表这种平反案件，要经过有关部门批准，你们这样做是错误的，要检讨。"
但我们顶住了压力，没有检讨。后来，听说邓小平同志肯定了这
件事，才停止对我们的追查和斥责。

　　总之，通过对马思聪冤案的平反，我觉得，作为一党的干
部，一个知识分子，首先应该有正义感，有良心，不怕担风险，
当然也要有策略，依靠具有正确思想的干部和组织，避开那些具
有僵硬思维、极左思潮的干部，才能把事情办好。

　　现在看来，为马思聪冤案平反是很有意义的，不仅将他的真
实面貌和高尚的人格呈现于世，而且人们重新认识了他那高水平
的音乐作品，马思聪的音乐瑰宝再焕发光彩，大大丰富了中国近
现代音乐的宝库。

"马思聪百年诞辰"学术研讨会
论文汇编

（2012 年 5 月 12 日下午）

一、学术研讨篇

《马思聪全集》的编印及今后

汪毓和

引　言

今年是中国近现代音乐史代表性音乐家诞辰一百周年的大年，据不完全的统计，至少有马思聪、聂耳、陈田鹤、戴粹伦、向隅、江定仙、易开基、章枚、张昊、蔡继琨、杨嘉仁、舒模、陆修棠等前辈值得我们采取一定的方式给以郑重的纪念。这对于我们更好地重新认识中国的文化历史，发扬我国优秀文化传统，把准继续发展有中国特色社会主义新音乐文化的航向，以及更好地培养我国新一代音乐工作者的健康成长，有着深远影响的大事。相信各有关单位对此早已有所考虑和准备。我作为曾经经受伟大的抗日战争和40年代民主革命的战火洗礼，以及亲历中华人民共和国各个时期社会变革和音乐事业从早期初创至世纪末以来日益走向新的繁荣的一个音乐历史工作者、中央音乐学院成立以来就接受正规音乐培养的一员，愿意借中央音乐学院隆重举办"马思聪诞辰"百年纪念系列活动之际，谈谈个人参与《马思聪全集》编撰的体会和感想。诚挚地希望得到诸位同行和读者的批评指正！

一

我国近代音乐前辈、中国小提琴演奏的杰出开拓者、著名作曲家的优秀代表、音乐教育家——中央音乐学院首任院长马思聪，在"辛亥革命"取得伟大胜利、中国面临深刻社会改革之际，出生于广东省海丰县的一个"书香门第"。他从小就在广州知名的教会学校"培正中学附小"学习，可以说是中国当时就身受中西两种文化的培育并成长壮大的一员。在他 14 岁时，又得到家庭的支持随其兄远赴法国学习小提琴的演奏。1929 年他初步结束在闻名于世的巴黎音乐院的学业，返回祖国，先后在广州、上海、南京等地举办个人独奏会，并得到"中国神童"的赞誉。但年轻的马思聪当时并不满足于这些社会的表面赞誉，他对作为一个中国的演奏家找不到合适的中国小提琴作品，只能演奏西洋小提琴文献的现状深感不安。由此他下决心通过自己的努力来克服这个难题。他于 1930 年第二次赴法留学，专门学习音乐理论与创作，以一年的时间，基本奠定了今后从事音乐创作的基础。为此他与他的同乡、培正中学的学长陈洪共同创办了"私立广州音乐院"，开始了自己一边演奏小提琴、一边从事繁重音乐教学（音乐基础理论、推进法国的"视唱练耳"教学体系、小提琴和钢琴等）的生涯。经过六、七年的认真摸索实践和吸取中国民间音乐的丰富营养的经验，于 1937 年他在音乐创作上初步找到了将自己的创作牢固地建立在与中国民间音乐传统相结合的"新路"，写下了后来举世闻名的小提琴作品《绥远组曲》（新中国成立后改名为（《内蒙组曲》）和《第一小提琴回旋曲》。从此之后，他不仅完成了一系列优秀的、中国风格的小提琴作品，他还是自己作品的首位演奏者，一步步为中国小提琴音乐的发展开创了一条康庄大道。与此同时，他还创作了许多抗日歌曲以及其它不同体裁的器乐作品（如室内重奏、交响音乐、协奏曲、艺术歌曲、大型合唱套曲、中国民歌改编曲等等）。通过不知疲倦的艺术实践，他不仅积累了丰富的艺术经验，为中国近代音乐向广泛深入的开拓，特别对交响音乐事业的创建、中国室内重奏的创建，以及为艺术歌曲和大型合唱套曲创作和钢琴创作的提高和推进等，作出了重要的贡献，他还通过自己的实践加深了与轰轰烈烈的祖国民主革命事业的联系并受到广大人民群众的爱戴和崇敬。所以，中华人民共和国建国之初，马思聪就被我国政府光荣聘任为新建的三所国家级最高艺术院校（即中央戏剧学院、中央音乐学院、中央美术学院）中"中央音乐学院"的首任院长。

马思聪在新中国成立的 20 年间，尽管受当时没完没了的政治运动的折腾，他始终坚守自己的责任和岗位、尽力适应日益严重的"左"的形势的折磨。但在所谓"文化革命"的初期的狂风暴雨的冲击下，他无奈地离开了祖国、远居大洋彼岸的美国，过着闭门写作的晚年。在这整整 20 年间，他仍奋笔疾书地完成了许多大型小提琴创作、交响音乐、室内重奏、古诗词艺术歌曲以及大型舞剧和大型歌剧等新作。他以自己的终生努力，完成了他作为我国第一位全面多产的作曲家的职责，完成了永远为中国人民音乐事业创作的宏愿。1985 年，经过国家有关部门的重新审查，庄严地作出对"文革"时期强加于他身上种种不实之词予以推倒"平反"和认真落实政策的决定。从此，马思聪终于结束了自己一生坎坷的生涯。他的宝贵心血之作，终于逐步取得了社会的公认，他为中国严肃音乐发展所树立的永远值得人民敬仰和学习的丰碑，才一点点地光照祖国大地！1987 年，他看到祖国进入了令人振奋的新的"历史时期"，经过长久等待和思考，正预备全家返回祖国的关键时刻，不幸逝世于美国费城一家医院的手术台上！

二

1988 年，全国音乐界在各级政府部门的支持下，在广州庄严隆重地举办了马思聪的音乐创作的学术研讨活动，1990 年在北京中央音乐学院正式成立了以吴祖强院长为首的、以宣传、推广、学习马思聪丰硕业绩为宗旨的全国性学术团体"马思聪研究会"。

在"研究会"第一次理事会上大家就作出决议：应尽快以筹备编印"马思聪全集"作为重要目标来推动今后开展各项工作的主线。经过整整 12 年的努力，在全体会员的热情响应和各级有关文艺行政领导的关心支持，以及马思聪夫人逝世后马家决定将马思聪全部遗物捐献国家和广州艺术博物院正式建立专门的"马思聪纪念馆"后，编印"全集"的工作才真正列入"研究会"的首要议事日程。2002 年该项工作又得到了中央音乐学院和广州市文化局双方领导的大力支持并在工作上作出具体的部署（人力、经费、任务，以及工作的整体规划和实时进度等）。2003 年对全集乐谱、图片、文字的收集、校阅、修订工作基本全部上马。这部分的工作难度主要是乐谱数量大大超出我们的预计，如许多乐谱（包括各种手稿和已出版的印刷搞）的辨识难度，也大大超出我们实际工作人员的能力、水平和经验，而且乐谱的数量所占比重达到了全部 7 卷 9 册的 6 卷 8 册，图文仅占 1 卷 1 册。

2003 年秋冬，我们将"全集"的工作扩及进行对其主要代表作进行更为繁重的音响录制的"新工程"。这是比乐谱、图文的编印出版具有更深更大社会意义的的一步，也是对所有表演艺术（如戏剧、舞蹈、戏曲、说唱等）品种不可或缺的一步。对绝大多数音乐爱好者讲来，仅从乐谱就能领会其作品音乐形象内含大概只有极少数指挥才能勉强胜任。而且就其对作品的诠释将作曲家写出的音符成为实际的音响更是进入了一个无穷尽的新的艺术世界的一步。同样一首经典名曲、一段经典性戏曲、说唱，只有依靠大量表演家的不同诠释，才能一步步显出它们的真正价值。同时，不同时代的表演家的诠释还带有不同时代（包括当时的不同录音条件）、不同民族的艺术特色和个人艺术的个性和艺术审美。我们在进行这方面工作前，就尽可能找到过去有关音响制品进行集体的重新审听，才决定基本上全部组织合适的表演者（团体或个人）重新录制，尽管这样办必然带来大大增加费用、时间、人力的困难，但至少在利用已经大大改进的录音条件方面奠定了符合时代要求的基础，可以为今后的舞台表演和教学研究工作创造继续前进的一步。另外，组织实际的录音也为"全集"的乐谱的编印增加了全面校正的最有力的检验，生动地上了一堂"实践是检验真理唯一标准"的课，发现了我们编辑工作仍然遗留了不少错误、必须改进的缺点。

从中我深深体会编印一位作曲家的"全集"，绝不能将它简单视作"作者手稿的原样照相翻版"，前者着重是为了提供广大音乐工作者学习和进一步搬上舞台进行不断的新的诠释，这才是让"全集"真正作为让后辈学习的"活的艺术品"永存于世；而后者仅仅只是提供少数研究者进行个人研究所用，它应属于供博物馆陈列或图书馆借阅的范畴。两者的之间的效能不能等同。当然，客观情况要求我们必须在 2007 年底前完工，分别在广州、北京举行"全集首发式"。因为，正是在那时，国家决定将暂时留存在美国的马思聪夫妇的骨灰正式迁移回国，安装立碑，并将他们的唯一的亲人马如龙重新在他的家乡祖国广州安居，真正将马思聪决定全家回国的心愿最终得以实现。同时也可以利用这个时机邀请马家的主要亲属，如久居国外、世界著名的小提琴家马思宏夫妇，已经不幸去世的马思聪两位女儿马碧雪、马瑞雪姐妹的后代一起回祖国团聚，并与祖国音乐界的代表共祭马思聪夫妇的英灵。这样对"全集"的编印不得不压在最小的空间就遗憾地拿出来与世人见面。当然，现在看来当时作出这样的决定还有其合理的一面，因为就在次年（2008），马思宏夫妇、马思聪的妹妹马思荪均也先后跟着谢世，他们终究都是年过 80 的、中国音乐界前辈了！

2009 年由于马如龙正式迁居广州，遗留了另一批有关马思聪的宝贵史料，加上在"全集"出版后又发现少量乐谱，我们以最快的速度又编印出版了 1 卷"乐谱图文的'补遗'卷"和两张

CD 的"补遗音响",而到今年（2012）马思聪的唯一亲人马如龙,也不幸地匆匆跟随他的父母、姐姐一起仙逝远去了。整个马思聪一家五位最直接的亲人,都一一远离他们的祖国和人民走了!

三

所以,今年我们隆重举办"马思聪百年诞辰"系列活动就以"全集"的出版为主题,重点聘请当年与马思聪相识或共事的年迈的老一辈音乐家、尚存的马思聪的子弟、曾经参与"全集"出版的各方面工作人员、中国文化部、中国音协、中央音乐学院、广州文化系统的有关领导、专家、在京的"马思聪研究会"历任领导,共聚一堂,纪念这位毕其一生为祖国音乐事业作出伟大贡献的艺术大师的丰功伟绩,也以"全集"为主旨进行有别于以往的学术研讨,以及挑选过去没有正式公演的各类代表性曲目的音乐演出。当然,与此同时,在广东马思聪的家乡海丰县也以广东省委宣传部及广东音乐团体、音乐工作者也同时举办了类似的纪念活动。我想大家的共同目的都是为了今后更好地继承马思聪的遗愿和爱国、爱人民的精神,真正将对"全集"的学习,做为一个新的起点,将今后共同推进我国音乐事业的健康发展做得更好!

综上所述,回顾过去我们的工作,还存在相当仓促粗糙的不足,必须认真对待。我们"全集"出版的同仁,也将重新努力在北京、广州的原有领导的关怀下,认真对"全集"出版中所留存的种种缺点错误给以认真勘误,并再次通过"补遗"的方式,公开向广大读者补充汇报!希望得到所有会议参加者的关心帮助,在会后利用各种方式给我们指出应该纠正的一切错误!衷心地向大家表示感谢!

46

雀跃、沉默和"叛逆"

——马思聪在 20 世纪 50 至 60 年代的心路历程

戴嘉枋

对于马思聪的研究，迄今为止比较集中于他于 1967 年离国之前，其缘由自然因相关资料不难寻觅。而其后直到他去世，由于相当长的时间里，马思聪作为一个"叛国投敌分子"的身份，及对外处于消息封闭、即便有稍许信息传来人们也处于讳莫如深的状况，使得人们对他晚年的事像了解颇为困难。虽在他获得政治"平反"的 1985 年后，马思聪一度重返国人的眼帘，但在其间林林总总的干部、知识分子"落实政策"的大潮中，它仅有稍纵即逝的的新闻效应。事实上，官方媒体对马思聪的宣传长期可谓处于两难之中：他在"文革"初期遭遇的不幸和离国的无奈固然博得了国人谅解和同情，但他在离国之初也发表过《逃亡曲》①这类被视为有损中国形象的文章，之后又几次赴台湾演出并得到蒋介石等接见。这些不利于他"正面形象"的史实难以回避，于是即使宣传，这些情况也不得不有意无意地忽略。所以不难理解，马思聪即便在获得"平反"后，他的人生轨迹展示依然是不完整的。

---

① 马思聪在 1967 年 1 月逃离中国初曾在一些场所作过否定"文革"的讲话。后由其女儿马瑞雪记录整理成文。同年 6 月被美国《生活》杂志以《残酷和疯狂使我成为流浪者》为标题刊出；同年 7 月苏联《文学报》又以《我为什么离开中国》转载；9 月被李雅各布编辑为小册子，由春秋出版社印制，取名《逃亡》——引自《马思聪全集》编辑委员会编《马思聪全集》第 7 卷第 141 页《逃亡曲》注释。中央音乐学院出版社 2007 年 11 月北京第一版。

已出版的《马思聪全集》以及《补遗卷》，由于本着求实存真的宗旨，不仅将 1967 年之前他的著述进行了系统的收录，而且相对完整地把 1967 年之后他的相关材料也作了整理并予以面世，这就为我们了解他的一生，特别是以往鲜为人知的晚年情况提供了难得的文献和音响资料。

本文拟从《马思聪全集》初步探索一下他在 20 世纪 50 至 60 年代的心路历程。

一、从雀跃到沉默（1949～1959）

从 40 年代末到 50 年代末，对于马思聪来说显然是他人生最为辉煌的时期，也许是他心境最为舒展雀跃的时期。

从 40 年代，身在国统区的著名音乐家马思聪，就曾给中共地下党领导的《新音乐》月刊撰稿，从而与李凌、赵渢等红色音乐家惺惺相惜，并由他们推荐，在 1945 年 9 月得以与前往重庆参加国共谈判的毛泽东召见，又以《民主大合唱》、《祖国大合唱》和《春天大合唱》等音乐作品，对国民党政府腐朽统治进行抨击、由衷讴歌解放区。

对于这位虽无党派却无疑对共产党执政满怀期待和憧憬的音乐家，新中国给予了他莫大的关爱：

在 1949 年 3 月，37 岁的马思聪被聘为中华全国文学艺术工作者代表大会（即第一次文代会）筹委会委员；4 月当选为中华全国青年联合会委员；7 月被聘为国歌初选委员会顾问，当选为文联全国委员会常务委员，以及中华全国音乐工作者协会副主席；8 月被任命为中央音乐学院院长；9 月作为中华全国文学艺术界联合会的 15 名代表之一，参加第一届中国人民政治协商会议；10 月出席中华人民共和国开国大典，并成为中国保卫世界和平大会主席团成员和中苏友好协会总会理事，又在周恩来总理率领下出访苏联……。1954年后连续当选为第一、二、三届全国人民代表大会代表……。

除了政治上的一系列殊荣，在生活上当时尚不富足的新中国也给予了马思聪极为优厚的待遇。"从1943年到1949年的7年中"搬过22次家、颇有一点居无定所意味的马思聪，在中央音乐学院初建于天津时，政府就划拨了潼关道64号的一栋小洋楼供其全家居住。1954年举家前往北京时又在安静的西城区马勺胡同无偿给他划拨了一座四合院①，据他自述，这座老式的房子"周围建有围墙，中间有古典式的庭院。庭院中植有柿子、梨和枣子树，紫藤和一株美味的葡萄树，而在后花园内还有更多的葡萄和果树；也有一所瓦屋顶的鸡房。这是一个非常可爱的居处"②。另据马瑞雪文章描述，1957年9月曾到这座寓所赴宴的苏联钢琴家李赫特夫妇，对此留下了"以为误入仙境"、留恋忘返的美好印象③。此外还安排有司机的专车和厨师为他全家服务，并无需马思聪提供任何费用。

投桃报李的马思聪对新中国也还以极大的热忱。在至1959年之前的整个50年代，他不仅对中央音乐学院的教学管理和小提琴教学发挥了重要作用；而且多次举办小提琴独奏音乐会和参加慰问演出。根据《全集》可以看到更创作了包括管弦乐《欢喜组曲》、《山林之歌》、《第二交响曲》，《A大调大提琴协奏曲》，《鸭绿江大合唱》和《淮河大合唱》，舞剧《菊石花》、话剧《屈原》插曲等大型作品；管乐五重奏等室内乐及众多的小提琴、钢

---

① 引自《马思聪年谱》，见《马思聪全集》第7卷第421、431页。中央音乐学院出版社2007年11月北京第一版。

② 引自马思聪：《逃亡曲》，见《马思聪全集》编辑委员会编《马思聪全集》第7卷第142页。中央音乐学院出版社2007年11月北京第一版。

③ 引自《马思聪年谱》，见《马思聪全集》第7卷第431页。中央音乐学院出版社2007年11月北京第一版。

琴独奏曲和歌曲等 30 多部音乐作品，这些作品内含的情怀无一不是欢欣雀跃的。同时根据当时政治形势发展的要求，马思聪发表了一系列拥戴中国共产党各项政策，包括批判曾在第一届文代会上一起欣然合影的胡风①，以及"反右派"的文章②。以"唯乐不可作伪"而言，从当时马思聪的作品所呈现的心境，应该可以看出其总体上是欢欣明朗的。

　　当然，总体的欢欣明朗并非意味着作为具有自体意识的马思聪事事如意。其不如意首先体现在他在建国初创作的《欢喜组曲》惨遭夭折。1949 年 9 月为迎接全国政协会议召开，他曾激情满怀地探索以较新颖的作曲技法创作了管弦乐《欢喜组曲》。但据说在他亲自指挥中央音乐学院管弦乐乐队试演其中几个乐章后即遭到了一些权威人士的否定，马思聪一气之下将其就此封存起来，再也没有面世。对于《欢喜组曲》的批评意见，可从马可 1952 年发表于《文汇报》的一篇名为《坚决贯彻音乐工作中的毛泽东路线》的文章中略见端倪。文章在阐述音乐创作"普及"与"提高"的关系中以《欢喜组曲》为例，认为其音乐是"神经质的急促节奏和凌乱的节奏片段，它们无法表达今天新中国人民的情感，因而不能为群众接受，也不能为干部所理解，"并指出"这样的作品，既不能赢得今天，也不能获得明天的③。"《欢喜组曲》由此打入冷宫的命运显然不是马思聪所高兴的，尽管他在之后创作的管弦乐《山林之歌》和第二交响曲，在作曲技法运

---

　　① 马思聪：《胡风——蛀墙角的白蚁》。原载 1955 年第 6 期《人民音乐》。见《马思聪全集》编辑委员会编《马思聪全集》第 7 卷第 62～63 页。中央音乐学院出版社 2007 年 11 月北京第一版。

　　② 马思聪：《音乐工作有缺点但必须坚决反对右派》。原载 1957 年第 7 期《人民音乐》。见《马思聪全集》编辑委员会编《马思聪全集》第 7 卷第 142 页。中央音乐学院出版社 2007 年 11 月北京第一版。

　　③ 马可：《坚决贯彻音乐工作中的毛泽东路线》，载《文艺工作者为什么要改造思想》，人民文学出版社 1952 年版，第 201 页。

用上为适合"普及"而有所"收敛",可是在1956年7月在毛泽东提出"百花齐放、百家争鸣"的政策后,马思聪在《作曲家要有自己的个性和独特的风格》一文中还是指出:"文艺应该为人民服务,但是人民的审美需要是多方面的,那末艺术也应该像人民的现实生活那样丰富多彩多种多样。"联系到音乐批评时他指出"音乐批评上的偏向就是鼓励少而批评多,同时批评的尺度也很窄,目光也不远大,对于新鲜的东西好像无动于衷。比如有人在乐曲里用了一些不大习惯的和声就遭到批评,被扣上了一顶帽子"。隐约可见对于当年批评他的《欢喜组曲》难以释怀。

其次不如意的,应该是对在中央音乐学院缺少所任院长的话语权不无失落。他曾追述,"我领着'中央音乐学院'院长的薪水,但没有做院长的事。自从1954年以后,……我尽量收敛自己。院里的实权,实际上早已操在担任副院长的党(员)干(部)手里。我仍然教着几个学生,其中之一是我的儿子如龙,……"①如果了解了马思聪先生属于平和温雅,不是争胜好斗的性格,可以揣测,这无非是院领导层内办学理念有所不同,常以他放弃己见为结果,久而久之处于闲赋之境所生发的感慨。但也仅仅偶尔有点意绪落寞而已,并没从总体上影响他的心境。

诚如上述,在1959年前马思聪的心境总体上来看还是较为愉悦的。这种愉悦也体现在他这一时期见诸报刊的文章,多为直抒己见的肺腑之言。只是,这些言论,却又多少与当时音乐界及中国政治的趋势格格不入。

如他发表于1956年7月的《作曲家要有自己的个性和独特的风格》一文,不仅对于当时音乐创作上的公式化及音乐领域内存在的注重进行曲式的群众歌曲,歧视抒情歌曲的清规戒律,音

---

① 引自马思聪:《逃亡曲》,见《马思聪全集》编辑委员会编《马思聪全集》第7卷第142页。中央音乐学院出版社2007年11月北京第一版。

乐刊物发表的音乐批评所持粗暴和乱扣结论性帽子的态度，以及创作题材只反应重大事件导致的的狭窄和单调逐一提出了批评，而且直接指出过去音乐界一些争论意义不大：如"土""洋"唱法的争论，以及关于对贺绿汀的文章搞大张旗鼓的争论等。他旗帜鲜明地认为："贺绿汀同志提出加强技术学习是对的。他也并没有否定学习政治和学习马克思列宁主义，也没有否定体验生活的重要性。他也曾明确地谈到技术本身不是目的而是一种手段，学好技术并不等于就能创作。而实际上我们的技术水平很不高，急需加以提高，难道我们仅仅满足于我们目前较低的技术水平而不想前进了吗？"

同时马思聪对当时追崇聂耳、冼星海为音乐创作的"旗帜"直言不讳提出了异议："聂耳、星海无疑是伟大的，他们的作品的艺术成就也是不可否认的，但是这不等于说他们的任何一个作品，任何一个地方都是完美无缺毫无瑕疵。这样地评价过去的遗产是会引起一些错觉的。比如，有人就以为只要写几十个群众歌曲就能伟大了，而不去考虑聂耳同志所处的时代和他的歌曲在那个时代的作用。星海同志有的作品在配器上是有缺点的，我们为什么也把这种技术上的缺点看成是他的独特的艺术手法呢？而另一方面由于对'五四'以来的音乐作品缺乏深刻的研究，似乎觉得其它一些与聂耳、星海同时的作曲家的作品都是非现实主义的或者是反现实主义的东西而加以漠视，这是不公平的。因此，我们需要更好地深入研究'五四'以来的不同流派、不同风格的作品，给予它们应有的评价，把其中好的东西继承下来加以发扬。我认为这是我们目前应该做的重要工作之一。"①

---

① 马思聪：《作曲家要有自己的个性和独特的风格》，原载《人民音乐》1956 年第 8 期。引自《马思聪全集》编辑委员会编《马思聪全集》第七卷第 73～75 页 中央音乐学院出版社 2007 年 11 月北京第一版。

即便在 1957 年 6 月中共中央发出《组织力量反击右派分子的猖狂进攻》，掀起"反右派"运动之际，马思聪在刊发于第 7 期的《音乐工作有缺点但必须坚决反对右派》一文中，依然对国家包办教育、专业音乐教育的设置、师资的聘用、书谱出版与唱片的灌制、音乐家协会的工作及音乐事业经费短缺等提出了批评，甚至列举了两则笑话颇为尖锐地指出这些缺点"和一些文化部门的领导者不懂音乐业务有很大的关系"。全文仅在末尾说了一句"对于目前共产党的整风运动，我们应该是帮助共产党克服缺点，推动社会主义建设，这是一件好事；但是右派分子却不是这样做，他们反对党、反对社会主义，要走资本主义道路，要把好事变成坏事。这种做法我们必需坚决反对"[①]。

不仅如此，马思聪在 1958 年 5 月 9 日上海音乐界纪念黄自先生逝世 20 周年的开幕式上，对于这位不久后被认定为的资产阶级音乐家，从他的音乐教育和创作各方面均给予了高度评价，认为"黄自是'五四'以来爱国主义、民主主义音乐家的杰出的代表。"他"努力尝试走民族的路，努力创造自己的独特风格"。"黄自的作品是我们的音乐遗产之一，我们应该像对其它的音乐遗产一样，加以学习。黄自的许多优秀作品仍然可以丰富今天人民的音乐生活"[②]。

耐人寻味的是，正是马思聪在对聂耳、冼星海的过高评价提出异议的一年之后，上海音乐学院的汪立三等因《论对星海同志一些交响乐作品的评价问题》的文章被打成了"右派分子"；同

---

① 马思聪：《音乐工作有缺点但必须坚决反对右派》，原载《人民音乐》《1957年第 7 期。引自《马思聪全集》编辑委员会编《马思聪全集》第七卷第 83～84 页 中央音乐学院出版社 2007 年 11 月北京第一版。

② 马思聪：《纪念黄自先生》，原载 1958 年 5 月 10 日上海《文汇报》。引自《马思聪全集》编辑委员会编《马思聪全集》第七卷第 93～94 页 中央音乐学院出版社 2007 年 11 月北京第一版。

样就在他对于黄自给予高度评价的 3 个月后，一篇署名"中央音乐学院音乐学系师生小组集体讨论"的文章，借批判钱仁康《黄自的生活、思想和创作》① 一文，提出了"在对黄自的评价上所体现的两条道路的斗争"，而在次年钱仁康更成为了学术界"拔白旗"的对象。尽管在这些不无诡异的风云变幻中，也许是尚受到"保护"，马思聪并未遭到诸如汪立三、钱仁康等人的厄运，但他这些"不识时务"的言论，还是充分呈现了马思聪不谙政治又敢于直言的秉性。

马思聪的这种秉性显然是不能被允许的，"保护"之下给予一定的警告成为了必须。于是不无蹊跷地在 1959 年 2 月第 2 期的《人民音乐》上，发表了一篇董大勇的文章《评马思聪先生的独奏音乐会》。文章认为他所演奏的《圣母颂》"将听众引入拜堂，引到神像脚下"；很多外国名著作品"是纯技巧"、"复杂的技巧"，是马思聪"向听众夸耀他的技巧"；《思乡曲》"已是二十多年的旧调"；《西藏音诗》是在歪曲、丑化西藏面貌等等。并质问："我们不知道马先生对于党的厚今薄古和一切文化艺术都要为政治服务的方针如何理解的？⋯⋯"尽管在接踵的第 3 期《人民音乐》上发表了陈元杰的《对"评马思聪先生的独奏音乐会"一文的意见》，对该文提出了不同的看法；第 4 期《人民音乐》在刊发一组"关于音乐表演节目问题讨论"文章的"编者按"中，呼吁就这两篇意见相左的文章开展讨论；在为此讨论进行总结的编辑部文章《让音乐表演艺术的百花灿烂开放》（载于《人民音乐》1959 年第 7 期），对于董大勇的观点基本予以否定，但对于马思聪所演奏的节目已经作为有不同看法的"问题"提了出

---

① 中央音乐学院音乐学系师生小组集体讨论：《在对黄自的评价上所体现的两条道路的斗争》，载于《音乐研究》1958 年第 6 期。

钱仁康：《黄自的生活、思想和创作》，载于《音乐研究》1958 年第 4 期。

来，其意义非同一般。

对此，马思聪保持了沉默。

二、从沉默到"叛逆"（1959～1967）

马思聪的沉默在开始"反右"之后绝非偶然。实际上，即便马思聪对于有关他演奏节目的所谓"讨论"保持沉默，"讨论"也并未就此了结。1961年第4期的《人民音乐》，又发表了郑伯农的文章《让音乐艺术的百花在为社会主义服务的方向下灿烂开放》，完全不同意一年前《人民音乐》编辑部文章的观点，以"左"的理论形态，使那次董大勇文章引发的讨论重被提起。到毛泽东关于文艺问题的两个批示后[①]，《人民音乐》更在1964年第12期上对5年前"讨论"的"小结"进行了"检查"，推翻了原来的基本看法，并承认自己"是站在资产阶级立场，从根本

---

① 毛泽东关于文艺问题的两个批示：其一是他在中宣部1963年12月9日编印的《文艺情况汇报》第116号《柯庆施同志抓曲艺工作》一文写下的：

此件可一看。各种艺术形式——戏剧、曲艺、音乐、美术、舞蹈、电影、诗和文学等等，问题不少，人数很多，社会主义改造在许多部门中，至今还是"死人"统治着。不能低估电影、新诗、民歌、美术、小说的成绩，但其中的问题也不少。至于戏剧等部门，问题就更大了。

社会经济基础已经改变了，为这个基础服务的上层建筑之一的艺术部门，至今还是大问题。这需要从调查研究着手，认真地抓起来。

许多共产党人热心提倡封建主义和资本主义的艺术，却不热心提倡社会主义的艺术，岂非咄咄怪事。

其二是1964年6月27日，毛泽东在中宣部《关于全国文联和各协会整风情况的报告》草稿上批示：

这些协会和他们所掌握的刊物的大多数（据说有少数几个好的），十五年来，基本上（不是一切人）不执行党的政策，做官当老爷，不去接近工农兵，不去反映社会主义的革命和建设。最近几年，竟然跌到了修正主义的边缘。如不认真改造，势必在将来的某一天，要变成像匈牙利裴多菲俱乐部那样的团体。

毛泽东的这两个批示做出以后，文艺界立即掀起一股大批判的浪潮。

上否定了群众的正确意见，并且提出了一套资产阶级的音乐理论和主张"。亦即从官方权威的角度，不仅认可了董大勇文章的观点，更将其提到了阶级斗争的高度来看待这个问题。

就是对政治再不敏感，马思聪也不难从5年间《人民音乐》的这场"讨论"过程中揣摩到了政治风向的转换，并感受到某种压力。尽管，他公开的社会活动似乎一切如旧：在文艺界显赫的身份没变，依然出席文艺界和音乐界的社交活动；在1963年以前到全国各地举办独奏音乐会；发表对时事政治和来华外国演出团体音乐会的赞美性文章……包括对他的创作和演奏的赞扬性报道也时见于报端。但是将他在60年代离国之前发表的文章与50年代的文章相比，不难发现直抒胸臆的激情已经消退，多为应付之作，稍有真情实感的，也都集中于1961年6月中共中央举行旨在纠正文艺界"左"倾的全国文艺工作座谈会之后一个短时间里，如艺术随笔《精益求精》（1961年8月23日《人民日报》）、《我和美术》（1961年12月2日《羊城晚报》），以及《交响音乐创作的技巧》（《人民音乐》1961年第11期）等。

在《人民音乐》1963年第2期上他的《提高独唱独奏水平问题的我见》，是他离国前在大陆发表的最后一篇文章。不长的文章中谈了音乐表演艺术的基本功、人才培养、节目的安排，以及音乐创作等问题。随感式的文章结构颇为散乱，足见思绪不甚集中，即便如此，马思聪在谈到音乐创作时，诸如他提到的"在创作上要求民族风格是对的，但不要因强调民族风格而给音乐语言一个局限。如何使创作既能保持民族风格，又能丰富音乐语言，是作曲家要注意的事。在五声音阶中放进12个半音，有人认为是破坏了民族风格，但是不是真的破坏呢？我认为即使有点破坏，也应该尝试去做"。包括他提出"音乐创作的思维与文学不同，它不是文学那样的形象思维，而是音响思维，这就比文学要间接一些，也许更复杂一些"等均为不乏闪光的真知灼见。值得关注的是，在文中他就音乐表演"关于节目的安排问题，不要忽略旧的、新的两方面，要逐渐增加新的东西"。这似乎可视作马思聪对于当年"讨论"的唯一一次含蓄的回答。之后他一直保持了缄默直至离国。

这段时间无疑他是极为谨小慎微的。1963年6月在姚文元撰文挑起对法国作曲家德彪西的批判，因马思聪曾提及德彪西是他在法国时崇拜的作曲家（见其40年代《创作的经验》一文），当年秋天他勉为其难地接受了记者立荣的采访。"我不是和你过不去。我很怕和你们打交道，如果你对音乐感兴趣，咱们就谈谈音乐吧。"于是他与记者海阔天空聊了许多中外音乐家，"惟独避而不谈他自己"①。由此顾左右而言其它，不难窥见他心存的恐惧。

这一时期马思聪的音乐创作也急剧萎缩。从《全集》看其提供给好友徐迟的作品编号来看，自1960年《A大调大提琴协奏曲》后，至1971年为空白。就《全集》搜集到的其间未编号的不多的作品，也仅有几首他自称"只是想免除麻烦"的应景式歌曲有所发表②；以及他主要为与儿子练习小提琴和钢琴而创作的小品式的小提琴二重奏，及钢琴小曲三首③。无论从音乐体裁、规模还是作品数量，显然都是与50年代井喷式的创作不能同日而语的。这从另一个侧面呈现了马思聪颇为压抑、苦涩的心境。

其间他的生活也悄悄发生了变化。在"文革"的前几年，他的儿子和女儿已经自学校退学，在家里自修。1963年后"一直住

---

① 立荣：《他心中的音符—采访马思聪印象记》。载于北京石景山区《古城之春》音乐会编印，1985年5月10日。

② 引自马思聪：《逃亡曲》，见《马思聪全集》编辑委员会编《马思聪全集》第7卷第143页。中央音乐学院出版社2007年11月北京第一版。

③ 可参见《马思聪全集》编辑委员会编《马思聪全集》第七卷第486～491页中央音乐学院出版社2007年11月北京第一版。

在家里，每天与妻子和儿女们一起消磨时光及作些曲子"①。教几个小提琴的学生。

可是马思聪这种以压抑的沉默为基调的生活状态还是被骤来的"无产阶级文化大革命"打破了。

"文革"无疑是中华民族的一场浩大的灾难，在大陆的绝大多数人都在劫难逃。需要探究的是，既然芸芸众生同样面临着炼狱般的磨难之中，何以独有马思聪会"蔫人出豹子"，最终走上以离国为标志的"叛逆"之路呢？

首先，自然是"文革"初期红卫兵施加在马思聪身上令人发指的暴行导致了他心灵莫大的恐惧。这从描述自己他在"文革"开始后所历经种种磨难的《逃亡曲》一文不难看出，这种心灵的阴影久久难以磨灭，以至在他到美国后"半年都做同一噩梦，（梦见被）捉回去……头上伤痕仍在，床单、外衣上的血渍是洗干净了。何堪话当年！"②。然而值得注意的是：马思聪离国的时间是1967年1月，当时以"牛鬼蛇神"为主要打击对象及"破四旧"的"红色恐怖"时期已经过去，事实上红卫兵运动已经转入"批判"以刘少奇、邓小平为首的党内"走资派"阶段。"文革"开始被红卫兵囚禁在"牛棚"中的马思聪也能骑着自行车每天回家（否则他即使以看病为名外出，也无法在红卫兵眼皮之下得以脱逃）。据其《逃亡曲》自述，其间马思聪与因害怕暴乱在1966年8月流落到华中、后又寄居到沿海一个城市的妻子王慕理和女儿马瑞雪，"由于监视放松，通信也已经很安全"。马思聪还曾写信告诉她们，"情况似乎变得好一点，回来也许可能还安全一点"。可见这时他尚未有离国的打算。但是，这并不意味着红

---

① 可参见《马思聪全集》编辑委员会编《马思聪全集》第七卷第491页 中央音乐学院出版社2007年11月北京第一版。

② 引自1980年6月14日王慕理给女儿马碧雪的信。《马思聪全集》编辑委员会编《马思聪全集》第七卷第459页 中央音乐学院出版社2007年11月北京第一版。

卫兵运动给他带来的身心两方面的巨大创伤及恐惧已经得以愈合，尽量逃离这种磨难和恐惧自其蒙难之时早已无形中成为了他的一种潜意识。

其次是他女儿马瑞雪的"启发"。1966年11月马瑞雪潜回北京后，是她向马思聪提出的逃去境外的想法。正是该想法"像一阵雷霆一样"予马思聪的潜意识以"重击"激发后，他们开始决定付诸实施。由此可见，在马思聪的离国一事上，他的女儿马瑞雪起到了相当重要的作用。也许需要赘述一下：性情温和的马思聪先生，在家庭生活中是极为宠溺其妻子及其女儿的，1943年8月出生的马思聪第二个女儿马瑞雪，在他的三个孩子中因聪明（其儿子马如龙似乎有一些自闭症）和体贴（其大女儿马碧雪因较为"革命"与父母颇有隔阂，也因此马思聪离国时并没有带上她）而格外得马思聪的喜爱，虽然这位多处于优裕生活环境中的姑娘不无任性和浪漫的秉性。尤其在这次马思聪责怪她"不应该来到这里，而且也毋需到这里来。她答复说'我只望跟您在一起，并对您加以照顾'"[1]。患难见真情的女儿显然成为了此时孤立无援的马思聪心灵的唯一的依靠，她的出逃的"想法"不能不为马思聪所重视。

再次也许还需要从马思聪隐性的心路深层作一些探究。一是不容忽视11岁马思聪即到了法国。法国崇尚自由、民主、博爱的传统精神以及浪漫的风尚，对于当时初谙人事的他的世界观、价值观和艺术观的铸就来说，不能不起到潜移默化的熏染作用。二是作为一个颇为典型的艺术家，马思聪天性中具有激情、敏感、坚韧却不无软弱的一面。他固然在世界观、价值观和艺术观上面会固执己见，但在为人处世中常采取忍让逃避的态势，而非

---

① 引自马思聪：《逃亡曲》，见《马思聪全集》编辑委员会编《马思聪全集》第7卷第143页。中央音乐学院出版社2007年11月北京第一版。

明辨是非短长、豁出命来一争高下。三是他是一位无党派人士，马思聪既不像一个共产党员，在长期的教育中生成强烈的政治、组织、纪律意识；也不像民主党派人士在建国后因被组织起来接受持久的思想改造，逐渐成为驯服工具。

总之，从 1959 年以后沉默中久久郁积的压抑及隐忍的不满，此刻与这些外在和潜存的因素因缘际会，共生成了他最终决心离国的抉择。

开弓没有回头箭。马思聪离国后，虽然他在《逃亡曲》开头就强调："我是一个音乐家，珍视我的工作所需要的宁静与安定；同时，我是中国人，热爱及尊敬我的国家与同胞。"似乎想说明他的离国是为了逃离一场"政治人祸"而求得艺术创作所需的安宁，但是"天下没有免费的午餐"，为求生存的他还是不得不屈从于海外给他提供庇护的政体"反共"宣传的需要。在 1967 年 1 月经香港于 21 日抵达美国后，他 4 月 12 日在纽约举行记者招待会公开发表要求"避难"的谈话。① 在作为"难民"得以留居美国后，1968 年 3 月马思聪应台湾音乐年邀请，第一次赴台在多地举办音乐会。作为当时大陆与台湾还处于敌对状态的之机，台湾对于马思聪的兴趣显然政治宣传意义大于其艺术价值。但不会不明白这一点的他还是去了。想来应该是为了改善资助微薄的"难民"生活，取得一些额外的酬劳而不能不涉险政治罢。其中难以剖白的曲折心绪，他只能寄托于其间为唐代诗人李商隐《相见难》谱写的一首独唱歌曲中。

在 20 世纪 50 和 60 年代的中国，马思聪作为一个知识分子，他的心路历程既具有这一代知识分子的共性：即经历过建国初期欢欣鼓舞，也品尝了 1957 年"反右"之后日益浓郁的"左倾"

---

① 《年谱》。引自《马思聪全集》编辑委员会编《马思聪全集》第七卷第 447 页中央音乐学院出版社 2007 年 11 月北京第一版。

政治思潮及"文革"的无端迫害带来的压抑。但是由于他的特定的人生阅历和思想性格，最终使他在关键时刻做出了他"叛逆"的抉择。若将他与境遇相仿的上海音乐学院院长贺绿汀比较一下，不难看出其间的差异。身为湖南人和共产党员的后者是个宁死不屈的斗士，即便在电视批判大会上，他也敢于在红卫兵殴打中抢话筒一抒己见；而马思聪则自主选择了逃离，从而也就使得马思聪成为了那个时代颇为独特的"另类"，也因此造成了贺绿汀和马思聪截然相异的人生归宿。

于是面对这些中国音乐家斑驳多彩的的历史命运，令人不能不引发"性格决定命运"的感慨。

立言拓荒路　继往开泰来

——关于"马思聪"的研究与研究的"马思聪"之思考

程兴旺

（江西南昌陆军学院，博士、教授）

> 在交响乐里，我该写我们这浩大的时代，中华民族的希望与奋斗、忍耐与光荣。

——马思聪（《居高声自远》，第 27 页）

　　中国近现代音乐史，是一部拓荒者的历史。其在一代代音乐家辛勤耕耘下，从教育、创作到表演，从无到有，从有到兴，在中国音乐文化地图上凸显，在世界音乐文化图景中亮现。马思聪（1912.5.7～1987.5.20），作为中国近现代音乐史上第二代作曲家，是其中杰出代表之一。他不仅以个性鲜明、技艺精湛赢得认可，更以小提琴演奏音乐会的形式弦走南北，誉声国外。他的音乐创作融合民族素材，开拓创新，大大推进了中国音乐发展，特别是小提琴音乐创作，在中国小提琴作品寥若晨星的境域中，谱写了以《思乡曲》为代表的一部部小提琴作品，成为至今为止中国小提琴作品库中不可或缺的重要组成部分。正如汪毓和说："在中国小提琴音乐创作领域，无论就其作品的数量和作品的艺术质量上讲，还没有第二个音乐家能完全超出马思聪已取得的成绩、水平和影响。"① 他

---

① 马思聪：《居高声自远》，百花文艺出版社，2000 年版，第 220 页。

筚路蓝缕，参办院校，躬亲授艺，树木树人，名家代传，潜然成风。在马思聪百年诞辰之际，深入回顾"马思聪"的研究，以资拓进，裨益倍加。为此，笔者不揣谫陋，以抛砖引玉。

一、"马思聪"研究的重要成果及特点

古人言：世间万事，知其所来，方知其所在；知其所在，方知其所往。"马思聪"的研究，从1929年评论性文章起，经1990年6月18日正式成立的"马思聪研究会"持续大力推进，至今八十三载。回望83年的学术征程，查阅83年里案头所拥有的一篇篇、一本本关于马思聪的文献资料，使人深感，在历史的文本中探索文本中的历史，时时处处彰显出，立言者拓荒而行之辛劳，更深刻地认识到"马思聪"在中国现代音乐史上的重要地位。环比中国近现代音乐家，无论是聂耳、星海，还是萧友梅、黄自等音乐家的研究，没有哪一位作曲家可与关于"马思聪"的研究进行相比，其不仅时间跨度大、涉及面深广，而且操觚者不乏大家，并形成传承梯队，硕果累累。研究文集、传记、年谱等近10余部，文论难计其数，综合性编著、专著、回忆录等间接相关成果不胜枚举，更有一部遑遑大型文献《马思聪全集》。如果说，再现作曲家的作品一定程度上也是一种研究，那么，关于马思聪这方面的研究贡献也很大。从1991年4月首届国际马思聪小提琴比赛会①，到2009年第四届马思聪研究会举办的音乐会，多场音乐会直接较好地诠释了马思聪的作品。还值得一提的是，广州"马思聪艺术博物馆"，虽然其中展现的更多是马思聪的遗物，但从一个更为宏观层面而言，这是"马思聪"多学科研究成果的集中立体性展现。有关"马思聪"的研究，我在《八十春

---

① 张静蔚:《马思聪年谱》，新华音像中心出版，2002年版，第153页。

秋心智路修辞明道释英才》（发表在 2011 年第 2 期的《星海音乐学院》）一篇拙文中已有过较为详细的评述，在此不赘述。归总而观，"马思聪"研究的重要成果及特点主要表现在以下几个方面。

作曲技法研究深度掘进。作曲技法研究，是归纳总结作曲家创作技术最理想的方式，是抽象概括作曲家创作、把握作品整体意象和内涵的有效措施。关于马思聪这方面的研究主要表现在钱仁康、吴祖强、苏夏、张文纲、姚锦新、樊祖荫、杨儒怀、朱世瑞等研究者的学术成果中。当然，综论性的作曲技术研究最多、最深广的是与马思聪交往甚密的作曲家苏夏。他对马思聪作品中的素材选取、主题发展（起声、变奏）、结构形式、和声复调、配器技术，再到风格、内涵和"人"，分析综论结合，令人信服。诸如，他指出，马先生创作：重主题发展的个性变奏，把民歌提高到专业音乐创作地位，器乐旋律思维非常器乐化而又具有声乐性，多调性，转调多采用鲜明的不同的调性直接并置，和声多以作品主题开头的音响结构为全曲的基本逻辑，配器注重发挥弦乐所长，注意弦乐群音色与管乐个性音色的对比与融合。他甚至指出："马思聪和他丰富的音乐创作应是作曲学生学习写作的百科全书。"① 他也指出，马先生热爱民间艺术，走现实主义创作道路，追求雅俗共赏，是有深刻人道主义思想的艺术家。马思聪生前曾评价过苏夏对他的研究，并说："总的来说，你（苏夏）的评论写得很好，很仔细。"② 其他作曲技术专向研究成果主要有，朱世瑞指出马先生复调写作与主调写作有机结合，相互映衬，成为马先生音乐风格整体的重要组成部分。侧重音乐结构研究的杨

---

① 苏夏著：《论中国现代音乐名家名作》，北京：中央音乐学院出版社，2005 年版，第 60 页

② 马思聪：《致苏夏的信》，载《居高声自远》，马之庸编，天津：百花文艺出版社，2000 年版，第 127 页。

儒怀（中央音乐学院作品分析教授）指出，马思聪的小提琴作品以再现原则结构和循环原则结构为最多。侧重和声研究的樊祖荫指出，马先生的创作注重和声的民族风格与和声手法的创新。作为研究马思聪作曲技法的突出成果，是具有代表性、权威性的。

小提琴演奏法的研究。集中表现在司徒华城、向泽沛、杨宝智、林耀基（口述）等人的论文中。突出成果在于指出，马先生小提琴演奏巧用民族乐器演奏法，运弓，以及颤音、滑音的演奏融合中国民间乐器的技法，形成个性特色，音乐追求自然、干净、内秀。

文献资料研究的广细。最突出的研究成果，应该是加补卷共12卷的全集的《马思聪全集》，这其中关于文献资料的收集、整理、甄别和考证之工作量浩大，深含研究者的史料研究之功。广州大学城内的"马思聪艺术馆"文献资料的整理展陈，也隐含对马思聪文献资料大量研究之功。还有值得注意是，戴鹏海先生的《马思聪音乐活动史料拾遗——兼评叶永烈著〈马思聪传〉》①，其中考据细实、言之成理，不仅指出了叶著的错误，也指出了1929 年12 月22 日马思聪与工部局乐队合作演奏莫扎特《降E 大调小提琴协奏曲》和以个人命名的、听众全部为中国人的音乐会，这是中国近代音乐史上破天荒之举，以及在励志社乐队任首席小提琴，不是指挥（指挥是吴伯超）等重要的研究成果。还有值得重视的是，苏夏指出的"应职务需求而著文、讲话仍不少，其中包括一些影响较大的论文，是由友人代笔署名的：例如由李业道代写的《十年来的管弦乐曲和管弦乐队》；根据他与李凌谈话，由伍雍谊记录、加工整理而成的《交响音乐创作的技巧》；还有一些政治色彩较重的开幕词或某些中外作曲家演奏家的纪念

---

① 戴鹏海：《马思聪音乐活动史料拾遗——兼评叶永烈著〈马思聪传〉》，北京：《论马思聪》，人民音乐出版社，1997 年，页379～398。

性文章。仍可进一步核实。"① 可见，1949 年以后的关于马思聪的文献资料，有待深入考证。并且，这样的文章如何对待，值得我们深思。因为这种现象，在同时代可能在其他作曲家身上或多或少存在，所以，其涉及到的不仅是关于以后"马思聪"研究的问题，而且很可能是中国现代音乐史文献资料研究中的一个瓶颈和突破口。

音乐史学研究的厚重。对音乐家而言，史学研究是极其重要的研究，从一般文论性史学研究，到传记、年谱、音乐史等史著性研究，都直接或间接影响作曲家的历史定位问题，所以一定程度上说，历史研究是冒险性行动。尽管如此，对于马思聪的史学研究，涉及人员很多，包括汪毓和、李凌、陈聆群、李焕之、孙继南、张静蔚、居其宏、梁茂春、俞玉滋、向延生、陶亚兵、蒲方、汤琼、李淑琴、胡斌、叶林、张明慧、吴文龙、彭丽、任秀蕾、邬晶玲等。论文、编著和专著数量较大。总体来看，马思聪史学研究最突出的成果是已出版的《马思聪全集》和张静蔚的《马思聪年谱》。最突出的贡献是历史定位，即定位马思聪为著名小提琴演奏家、作曲家、音乐教育家，他以精湛的演奏、拓荒性的创作和特色的教学，推进了中国小提琴音乐的健康发展，为中国近现代音乐的发展作出了重要贡献，并以一部部成功的音乐作品给后人留下了如何利用民族音乐素材进行创作的一部部生动的"教科书"。

音乐思想研究的深入。音乐家的音乐思想研究是立言之行，是充满艰辛的学术作业。因为其属于从人思想对象化的文献资料中探密寻宝，并且这种判断涉及到人的社会价值问题，所以更多情况下，这种研究一般融合在史学研究中，慎重地给出观点。汪毓和、苏夏、张静蔚、梁茂春、俞玉滋教授关于马思聪的史学研

---

① 苏夏：《论中国现代音乐名家名作》，北京：中央音乐学院出版社，2005 年版，第 73 页。

66

究中均有涉及。当然，更重要的研究是专门性研究，主要表现在戴嘉枋、孙继南、祖振声、罗小平、陈自明等研究者撰写的文章，其中最突出的成果是戴嘉枋提出的"个体的、感性的、审美的三位一体的美学观"、"西体中用的中西音乐观"、"化大众与大众化的音乐功利观"。因为影响作曲家创作机制的深层因素，最主要的无非是制约主体审美追求的美学观、制约主体价值追求的音乐功利观。戴嘉枋的研究，从马思聪的恩师毕能蓬的思想中找源头、从其自身的文本和作品中找依据、从社会大背景中进行论证，抓住了马思聪上世纪三四十年代音乐思想的核心，并在一定程度上，暗示了马先生后来的音乐思想。

二、研究的"马思聪"存在的 "零度"空间

学术研究的目的在于揭示对象的历史客观和总结对象的客观历史，其不仅要呈现对象研究的过去，而且还要给出对其研究前行的可能。因此，在回顾"马思聪"研究之后，本文认为关于"马思聪"的研究至少还有以下几方面值得创新和掘进（在拙文《八十春秋心智路　修辞明道释英才》中强调过的，在此不再提）。

（一）直击关系追问：马思聪的社会身份研究

人的社会化是人成为人的必然。社会身份，作为人的外化和对象化的结果，是人的现实的实现的显征。人的这种实现了的社会身份，既是主体本质的对象化，也是社会的本质显现。因此，研究对象的社会身份，从社会角度入手，有助于把主体放到环境中进行对比研究，使对象的研究能更好地进入历史的语境中，从而更好地把握对象本质。同时，根据主体社会身份的多重性和复杂性，以及其中可能存在的身份认同等问题，对社会身份进行深

入研究，更有助于深入揭显对象的内核。

关于人的社会身份研究，近些年来，随着人类学理论和后现代理论的快速发展，越来越得到许多学者关注和研究。在我国音乐学术领域，受音乐人类学等新理论的影响，也得到某些研究者的关注。譬如夏滟洲的博士论文《西方作曲家的社会身份研究——从中世纪到贝多芬》等。但是，关于马思聪的社会身份研究，目前是一个学术空白。根据张静蔚的《马思聪年谱》，马先生的身份，从留法的中国学生身份（1923年到1929年），到"中国音乐神童马思聪"小提琴演奏家的身份，到教师身份（包括1933年想到上海国立音乐专科学校，未果；南京中央大学教育学院讲师、1939年中山大学任教），再到一系列社会身份的转换，即1946年出任上海音乐协会主席，1947年广东艺术专科学校主任，1949年中华全国文学艺术界联合会代表，任中苏友好协会总会理事，出席中华人民共和国成立的开国大典，作为周恩来带领的中国人民友好访问代表团成员出访苏联，同年任中央音乐学院首院长，1951年作为中国音乐家代表团团长率团赴捷克参加"布拉格之春"国际音乐节，1953年任中国音协副主席，1968年被定为"叛国投敌分子"，直至1985年平反。应该说，对马思聪以上社会身份的深入研究，有助于深刻理解马思聪的其人其乐。马克思说："人也有自己的形成过程即历史，但历史对人来说是被认识到的历史，因而它作为形成过程是一种有意识地扬弃自身的形成过程。"① 马思聪社会身份发展变化的历史，必然是其自我扬弃的结果，但被定为"叛国投敌分子"的社会身份，则深刻反映出社会身份的复杂性。因此，对作曲家社会身份的研究，也在一定程度上有助于反思中国近现代社会音乐文化制度和结构等一些

---

① 马克思：《1844年经济学哲学手稿》，中共中央马克思、恩格斯、列宁、斯大林著作编译局译，北京：人民出版社，2000年第3版，第107页。

深层次问题。总之，马思聪的社会身份研究值得关注。

（二）直扣心门探寻：马思聪的心灵历程研究

心灵历程研究，是从"有形"到"无形"的研究，是从所有与作曲家相关的人与器物层面入手，对其情感、精神、价值等进行的研究。这种研究，之于音乐家马思聪来说，很有必要，原因主要表现以下三点。

第一，马思聪一生，从早期作为富有主体自觉意识的作曲家和演奏家，辩证评价新音乐（包括评价聂耳和星海）到1959年受左的冲击，仍然坚持走自己的路，再到"文革"前期被打成"资产阶级反动权威"，至远走他乡被定性为"叛国潜逃"罪，直到1985年平反，可谓曲折，但其演奏和创作却基本始终如一，何以如此？

第二，少年时期丰富的"寂寞"，给马思聪一生的音乐道路带来了什么影响？马思聪在《创作之路》曾说："'寂寞'，有着忧伤的音响，寂寞却是丰富的，我开始与'寂寞'亲密起来。"[①]以及"我想起 Rille 的一段文字来，艺术品是从永久的寂寞中产生，没有比批评更难望其边际的了。只有'爱'能够理解它，把握住它，认识它的价值"（第15～16页）。可见，马思聪对"寂寞"的情感体验之深，以及对其认识之远。因此，对马思聪心灵"寂寞"的深度挖掘，无疑有助于理解他的音乐人生。

第三，1985年平反后，马思聪没回中国大陆是国内外不少研究者一直关注的问题，也有一些成果，但似乎不尽所情所理。马思聪究竟为何没回中国大陆，从他的日记中，从其与亲人朋友的通信中，粗略可勾勒出他在海外心灵的人致痕迹。（请见下表）

---

① 马思聪：《居高声自远》，马之庸编，天津：百花文艺出版社，2000年版，第15页。

年	月、日	事　件
1980 年	7 月	"国家不是房子，房子住旧了，住腻了，可以调一间。祖国只有一个！"（《马思聪年谱》第 115 页）
1982 年	1 月 31 日	"对祖国，对老朋友，我是思念的，这就是为什么我常常会到台湾去走看朋友。……祖国山河是伟大的，同胞是最可爱的，希望不久我将可以重新驰骋在祖国土地上每一个角落，拥抱全体同胞。"（《致金帆信》,《马思聪年谱》,页 119～120）
1984 年	2 月 21 日	费城："国内能否好起来？何日洗客袍？不可知了。"（第 204 页）
	9 月 13 日	"碧雪来信，国内不久会演奏我的作品会。"（第 207 页）
1985 年	1 月 1 日	新年，年纪大了，一年过去告诉来日更少了，感慨每年有之，却一年比一年更深而已。
	2 月 4 日	今日立春，乙丑年。国内情况好得颇快，到明年回去可能性就多了。（第 209 页）
	2 月 12 日	"苏武牧羊十九年呵！"（《马思聪年谱》第 130 页）
	2 月 15 日	李凌、齐兄来信，对国内对我的决定报导及庆喜。春天逐渐又回来了，祖国也逐渐走近了。（第 209 页）
	2 月 29 日	文化部、音院（中央音乐学院）寄来平反通知，"叛徒、通敌"达十八年。在咪处过年卅除夕，放了火箭、烟花。平反之事，亲友皆甚兴奋。（第 209 页）
	3 月 10 日	"我们想今年内回去看看亲人、老朋友，祖国山河都是我们所思念的。"（致李凌、金帆的信）
	4 月 5 日	收到音协十余人联名的邀请去国内的信。马思聪回信："关于归期，待决定后，当再奉告"（《马思聪年谱》,页 134～135）
	4 月 21 日、26 日	《世界日报》皆有社论谈马思聪之事。马思聪的看法是："此问题应该大家来讨论，不应当做个人事情。"
1986 年	1 月 4 日	吴祖强致函马思聪，邀请他作为贵宾出席北京国际小提琴比赛活动（未果。《马思聪年谱》,第 142 页）
	5 月 22 日	看杨贵妃，很悲，真是到头一场空。看中国历史给人启发。（第 212 页）

（续表1）

年	月、日	事　　件
1987年	1月4日	到畔溪餐，到中国城恰似回故乡（第213页）
	5月	马瑞雪说：（父亲）肺炎大病初愈，第一句话就是："一个星期没有看报纸了，国内情况怎么样？"（第237页，《父亲马思聪最后的日子》）

（注：以上材料没有说明出处的都来自马思聪的《居高声自远》，马之庸编，天津：百花文艺出版社，2000年版）

从以上材料看出，马思聪一直期盼回国，国内也有很多朋友充满期待，但是他最终没有说服自己，是什么原因？在这些文献背后，隐含着什么？关于马思聪的"心灵"研究，李凌在《思聪三年祭》中有一个内容，即"心灵深处"，对马思聪的内心有一定描述，但是不够深入全面。戴嘉枋在第四届马思聪研讨会上指出："到美国后，他（马思聪）是难民，心里是很复杂的，我想不能完全说他很高兴，也不能完全说他很思乡。马先生，去台湾演出，是为了生存的需要。"这几个基本观点，本文认为是有依据的，但问题是为什么会这样？本人认为马思聪的心灵历程是"断裂"的，但这种断裂毕竟不是"裂断"，因为生命本体的存在仍在异乡延续，所以这种"断裂"应该有更深层的联系，一种脐带式的联系。但这种联系是什么？这些正是马思聪心灵历程研究必须回答的问题。

（三）直面音响作业：马思聪的小提琴演奏艺术发展研究

马思聪在中国近现代音乐史上首先是小提琴演奏家。对此，向延生在《马思聪与〈中国近现代音乐史〉》中慎重指出，去国外专业学习小提琴演奏家的，虽然以曹汝锦（1901年）、高砚耘（1905年）为最早，但是从活动的范围、持续的时间与实际产生的影响等方面来讲，则要以马思聪所取得的业绩最为显著。① 这是历史客观的认识。在本文看来，不仅如此，更重要的是，第一，他以自身的演奏与教学影响和培养了一代人，马思宏、盛中国、林耀基、韩里、刘育熙、杨宝智、向泽沛等中国小提琴演奏家和教育家都是他的弟子，著名大提琴演奏家马友友在美国也曾受教于他。因此，他的演奏风格和技术在一直传承。但是，当前尽管马思聪小提琴演奏艺术的研究有重要成果，却与全面呈现马思聪小提琴演奏艺术发展历程相比，还有不少距离，有待深入掘进。第二，有大量马思聪自身的录音，这些第一手资料，以利于研究者直接面对音响本身进行同比研究、对照研究等，加强针对性。

　　马思聪演奏的音响资料应该不少。最为珍贵的是，杜鸣心在第四次马思聪研讨会上指出的，1951 年捷克电台乐队合作录音《F 大调小提琴协奏曲》和《西藏音诗》等。因为那时马先生约40 岁，正值演奏家的黄金时期。上世纪 60 年，抢救性录音工程中，也有马思聪的演奏，可惜被毁。是否真的完全被毁，可以进一步搜集。到美国后的录音较多，好收集。请看下表提供的可能有的录音资料：

年	月、日	事　件
1976 年	2 月 9 日	Bach Sonatas 录好之后，其余都不会困难，Mozart, Bee-thoven \ schubert, Brahms 等 Sonatas 都是美不胜收，以后当一一录存，对自己对别人也是增加一份精神的精食。(第 193 页)
	2 月 23 日	昨晚自录 Bach 之六首奏鸣曲，大致甚好，一般演奏 Bach，夸张其雄伟方面，Bach 的人情味，深刻的人类爱，其胸怀与耶稣是一样的，从新约去了解巴赫是不会错的了。六个奏鸣曲的慢乐章，每首都从不同角度展示了耶稣的心灵。(第 193～194 页。)

---

① 马思聪研究会编：《论马思聪》，北京：人民音乐出版社，1997 年，第400 页。

（续表1）

年	月、日	事　件
1977 年	9 月 9 日	第二批作品录音，内容：《西藏音诗》、《跳元宵》、《牧歌》、《春天舞曲》、《摇篮曲》、《第二回旋曲》。《牧歌》似奏得平板些，再录三次才最后得一好的，昨天也录了数次，可惜音太干。录音工作进行了几乎半年，才有这一点成绩，可见不容易，我、慕都有点进步，(P197)
1980 年	3 月 3 日	日来每日上午录音，先录 4 个 Sonatas，录音习惯了，更会自然、不慌。（第 199 页）
1981 年	3 月 26 日	（台湾）晚上演出，我拉了巴赫六首，如龙与示范乐队拉：《F 调协奏曲》、《山林之歌》。如龙拉得干净，得好评。（第 200 页）
1982 年	2 月 19 日	"录 Mozart 第 16，相当好，练熟些就好了。"
1984 年	1 月 12 日	上午与如龙合奏了，慕练双（小提琴）协奏曲，渐入佳境，她对我的风格了解较深，如龙亦然。（第 205 页）
	1 月 21 日	下午录了几首曲《母亲教我的歌》、《西班牙舞曲》等，晚上听之有趣味，比以前都好，老人也会进步耶！（第 204 页）
	2 月 21 日	合奏《双协奏曲》、《新疆狂想曲》。（第 204 页）
	8 月 30 日	把录音整理好，晚上听来颇多好的，"双协"如今听来觉得甚有意味，慢乐章主题来不费心机，却很动人。（第 207 页）
1986 年	3 月 31 日	与如龙合奏"双协"，又三人合奏"双协"，已经二个月未合奏了。（第 212 页）
1987 年	5 月 17 日	奏了一些 Handel Sonatas，音美又平均（第 214 页）

（注：以上资料均来自《居高声自远》；如龙，系马思聪儿子"马如龙"）

从以上所列可见，马思聪非常重视小提琴演奏，直到去世前的几天还在练习。而以上所提到的录音，如果都能收集得到，我们直面这些音响文献进行研究，再结合现有的研究成果，以及马思聪弟子亲身授教的经验和体会，多方整合融合，共同攻关，"马思聪小提琴音乐演奏艺术发展"研究一定能有突破性的新成果。

（四）直视基养寻根：马思聪的文化教育研究

文化教育之于艺术家而言，是一种素养的提高，是一种基养的获得。一定程度上，艺术家受教育的程度，直接或间接影响着其作品内涵的精神深度，还深深影响着艺术家的世界观、人生观、价值观，最终制约着人格的形成。从人类艺术史来看，真正走得远的艺术家，大都重视教育和学习，特别是重视自我教育和自我学习，因而，一般都有着深厚的人文素养。因此，研究马思聪的文化教育情况，对全面研究马思聪为乐为人是一项基础性研究。根据《马思聪年谱》，马思聪1921年至1923在广州培正学校寄宿读书，1923年秋冬至1929年2月7日在法留学，1929至1930年底在国内演出，1931年初至1932年初再度赴法向毕能蓬学习作曲，1932至1966年在国内演出、教学，1967年1月15日至1987年5月20日在美国。从马思聪的人生历程来看，"他教"时段（接受学校文化教育的学习时段）主要是3年的"培正学校"和前后共7年的法国留学，其它属于马思聪浸染于社会文化人背景下的自我学习时段。因此，如何认识马思聪的文化教育？如何看待其文化教育与音乐创作的关系？以及与其世界观、人生观和价值观的关系？值得深入研究。

三、研究"马思聪"需要注意的问题

马思聪的研究，昨天成果丰实，明天该如何走？毫无疑问必须坚持走下去，只有走了才会有"脚印"，这是基本。在这个前提下，当然还有必要考虑如何走得更好。为此，本文提几点不成熟的想法，权且当建设性意见。

实事求是。这恰似正确的废话，但在历史研究中，应是始终追求的目标。因为历史归根结底是认识的历史，主体的历史观念时刻都可能影响着历史的判断，特别是对人的历史研究，更容易在多种因素的直接或间接的制约下而受影响。然而，历史思维的目的不在于建构多么严密的逻辑，而在于给出真理。黑格尔说：真理——是思维的最高目的；寻觅真理去，因为幸福就在真理里面；不管它是什么样的真理，它是比一切不真实的东西更好的；思想家的第一个责任就是：不要在随便什么结果之前让步；他应当为了真理而牺牲他的最心爱的意见。① 马思聪生前就曾明确表示，不希望他人给予不符合事实的过高评价。所以，在马思聪研究历经 83 年后，随着研究的深入和拓展，今后的研究尤其要注意实事求是。

拓宽视野。马思聪的研究，作为小提琴家和作曲家的身份，固然要反复研究、深入研究，但是，对人的研究，要真正深入和全面，可能要密切关注当今社会的新的理论，并适时把其运用于马思聪研究之中，这不仅是在此之前研究成果基础上获得新创见的需要，也是另辟蹊径拓宽研究渠道的关键，获得新进展的要求。譬如，进行马思聪的社会身份研究、心灵历程研究、音响研究、文化教育研究，以及利用互文性理论进行马思聪文本的互文性研究等。

整体推动。马思聪的研究，以后要注意整体推动，即从马思聪作品音乐会、马思聪小提琴国际大赛、马思聪学术研讨会、"马思聪"网站等多方面入手，力求形成立体性的综合研究态势。特别是"马思聪"网站，可以把所有相关资料上传至网站，尽快全面公开包括全集在内的所有资料，共享各类相关信息，以减少研究者搜集资料的时间、节省重复研究的智力资源，让更多的精

---

① 王元化：《九十年代反思录》，2000 年版，第 77 页。

力集中在重要问题上，让马思聪研究在网上形成动态的、发展的和累积性的学术领域。目前，中央音乐学院网站中有"马思聪"栏目，但资料很有限，网络作用没能充分发挥。另外，加大马思聪研究课题立项的力度，组建团队对需要精进的问题集体攻关，譬如马思聪作曲技术和小提琴演奏艺术的全面研究、马思聪传记研究等，并形成著作出版，这是深度推进研究的根本办法之一。

综上所述，马思聪的研究历经 83 年了，马思聪研究会的推动也有 21 年了，成果之丰，令人欣喜。当前，马思聪研究的难度更大、难点更多。但是，在马思聪研究会的持续推动下，只要我们作业，无论是填补空白、深度掘进，还是另辟蹊径，就都是学术的提升。因为，从研究的终端来看，研究的本质都是描述。而只要是描述，"就是一种选择、取舍、删削、整理、组合、归纳和总结。任何历史的描述都依据一定的历史哲学，依据一定的参照系统和一定的价值标准，采取一定的方法"①。而这种描述的文本都是一种"应答"、一种"期待"、一种心灵的理性显现，因而，它们都是学术积累，都是时代的精神呈现，都是对研究对象精神和价值的一种传承。因此，只要我们守望并作业，我们就有理由相信：马思聪的研究一定能继往开泰来！马思聪的精神价值一定能在中国音乐发展中永存。

---

① 王晓明主编：《二十世纪中国文学史论》（上卷），2003 年，第 17 页。

历 久 弥 新

——以"新现"马思聪四则史料为例

李 岩

引

本文以新见四则(一"影"——照片、一"谈"——笔谈、一"函"——信件、一"歌"——"抗战歌")在《马思聪年谱》(张静蔚 2004)、《居高声自远》(马思聪 2000/2008/2011)、《马思聪全集》、《马思聪全集·补遗卷(音乐作品·图片)》(《马思聪全集》编委会 2007a/2007b/2009)、《马思聪歌曲选》(钟立民等 1995)等著述中漏载、疏记的史料为线索,旨在对马思聪研究现状中的"缺失"进行补遗。

影

在《马思聪全集·第七卷(文字·图片)》及《马思聪全集·补遗卷(音乐作品·图片)》(《马思聪全集》编委会 2007a/2009)所列图片中,有未曾登载的一帧照片(见影 1),为马思聪于 1936 年教学的历史画面。当时马先生以小提琴演奏家闻名于世,而其教学的地点,在南京中央大学教育学院(该院主任,为留法"海归"唐学咏),这是他当时不可或缺的工作环节。自1935 年 12 月马思聪应《良友画报》编辑马国亮邀约,撰写并发表《童年追想曲》(1935:16~17)后,其行迹持续被该杂志追

影1

踪，该照片为《良友画报》1936 年 4 月 15 日出刊之 115 期 "美化的教育" 栏目中数帧照片之一（《良友画报》编辑部 1936：38），一展马思聪当时教学之风采。而他如何教学、教学的方式等细节，后人屡有披露，杨宝智说："他（指马思聪——引者）拙于言词，经常以琴示范，他认为这是最有说服力的讲解。如果不是优秀的演奏家兼教师，这点常常难以办到。马思聪年轻时以神童小提琴家驰名，虽然他后来的重点转向音乐创作，但他的小提琴演奏生涯从未中断过，所以他的示范感染力很强。"（2002：105）此文虽是一个亲身受教者对马思聪教学过程的珍贵回忆，但聆听并专注于受教者的演奏，是一个被忽视的细节（详影1）。正是此等 "专注"，使马思聪意外发现了一批天才儿童，其中之一，为著名中央音乐学院小提琴教授林耀基，他是被马思聪在一次出差广州，在他人（温瞻美）课堂之隔壁（里屋），偶尔的 "发现"，并将其由羊城带入中央音乐学院，继续学业的。当然除这种专注的聆听之外，还有多方位的人文关怀，才能使学生真正步入学习的 "正途"。林耀基曾回忆道：

老师（即马思聪——引者）平易近人，和蔼可亲，如春风化雨，润物无声。老师示奏，我们心摹手追，马师母为之钢琴伴奏……课后……时常留我们便饭……老师深入浅出地讲解曲目，分析作品，涉及作者与作品背景，联系社会人文诸多方面，不时地用中国名画、唐诗中的意境来启发我们，同时也为我们讲琴的构造，弓弦动作。有时雨过天晴，室外一片生机，老师兴致尤好，领我们去颐和园看湖光山色，去北海景山领略园林之趣。春温秋肃，四时之景不同，人之心情各异，使我们不知不觉接近自然，体味自然，融入自然，物我两忘。这对我们后来理解音乐，表现音乐，练琴与演奏中能心平气和，游刃有余，节奏有序，运弓自如，力度悉称，音色明亮，极其有益。（2002：28）

上文对马思聪的教学，是一极好补充，因他的教学，并不尽如杨宝智所说仅"拙于言词"一景。他对学生的全面人文关怀甚至留学生吃饭，在当下教师群中也极为罕见。这从照片（影1）马先生对学生专注的神情中，多少也能令我们体味出个中滋味。由此，马门之下，出了一批以温瞻美、黎琨、韩里、盛中国、杨宝智、林耀基、刘育熙、向泽沛、阿克俭、黄晓和等为代表的小提琴教育家、演奏家、理论家与作曲家，这实际为开创中国小提琴学派，走出了坚实的第一步。

谈

1941年9月27日，马思聪曾在香港《大公报》发表一篇题为《民歌与中国音乐创造问题》的"笔谈"，后被茅盾主编的《笔谈》杂志转载（马思聪1941：4～9）。其在当时思想上的

"独步"在于：

第一，对民歌的评判，标准鲜明，并有优劣之分。马思聪开宗明义地说道："民歌以北方者为上，够气魄，而有风格，质朴敦厚，哀而不怨，慷慨中而无半点虚张的气息。"（1941：4）虽在此，他并未指陈具体实例，而仅为一种总体估价。但从马思聪的经历看，当时他刚从日本侵略军对陪都重庆狂轰乱炸（史称"重庆大轰炸"）的硝烟中，得到片刻喘息，从桂林辗转来到"太平洋战争"之前夜、相对平静的香港，并即刻在当时香港的左翼文化人组织的"音乐沙龙"中表演了包括以内蒙民歌为主题的《思乡曲》、《塞外舞曲》之类新作后，这在某种程度上表明了其对北方民歌的"定评"之深厚的实践基础。而以绥远民歌《城墙上跑马》为主题的《思乡曲》，以后成为马思聪标志性曲目，与其对北方民歌风格的肯定与认同，不无关系。

第二，马思聪鲜明反对旋律优美但内容肤浅之乐。他认为："南方的民歌比较浮薄，虽有旋律之美，但总觉深厚不足。"（同上）其次，由于历史原因所造成的"古乐失传"，在马思聪眼中，并不是一件可怕的事情，他认定："北方的民歌中仍然保存着大部分的'古乐'气息"，而"老百姓"保存这些存有古乐信息之"民歌"的方式，"是活动的，而不是停滞的，是变化的，而不是固定的"。（同上：5）作为一个作曲家，其所表述的弦外之音是，当选用民歌甚至民间戏曲作为创作素材时，绝不能因循守旧，一成不变，甚至原搬照抄。正如马思聪所言：

> 民歌以它的旋律、风格、特点、地方色彩感动了我……我总是选那些有着突出的特性的民歌作我写作的动机，我有时采用一个、二个或三个旋律或甚至只有一二小节的动机。这些民歌或动机，在我决定采用

它们之时，已变成我的一部分。它成为我需用的材料……（2011：30）

可见，民歌素材为他所用时，即刻就成了其音乐的有机部分。所以后人在他的曲作中，很难找到整套大段原封不动的民间音乐素材，即使如《思乡曲》之类作品，他也要对其原始民歌音调进行多种技法（包括变调、变奏、复调化）的处理，而使其达到"神似"而非"形似"的崭新样态。这既是对民歌的提升，也是对新音乐的润色。而音乐发展的硬道理也正在于此。

第三，马思聪认为："短小的民歌分外精彩，长了变成昆曲或京剧就不复有真纯天然的风格了，在其中嗅出了士大夫和乐匠的气味，就不痛快，它们长而单调，平铺而过，不高不低，不喜不怒，不哀不乐。"（马思聪1941：5）即他提倡短小精悍、生龙活虎、跌宕起伏之"乐"，而反对平淡呆板、冗长拖沓、不温不火之"音"。尤其是那些带有匠气及文人酸腐味的音乐，是他绝不提倡的。笔者认为，这是一个作曲家的音乐取材观，试想长篇大套的京剧与昆曲，对于作曲家，确实有不好下嘴的尴尬。另也表明马思聪此时的音乐观是心向人民及劳苦大众的。这也是他当时与一些无产阶级音乐家如聂耳、冼星海、李凌、孟波等在思想及艺术观上契合的基础。

第四，中国新音乐，应以创造为先。即"目前的问题该是'中国音乐创造'的问题，这问题是要'作曲人才'去解决的，把和声学、对位法、逐追曲、古典、浪漫、象征达达主义的音乐、各种民歌，吞下去，消化了，加上创造欲，这样形成的作曲家，有着真的技巧，透彻的眼光，让他们去创作他们自己的音乐……"。（同上：7～8）由此，我们可以看出，马思聪的创作观，是以民族、现代、个性为基础的。

其"民族性"，虽有偏好于北方短小精悍的民歌的强烈倾向，但从其创作的作品中，却可以找到潮汕地区的"师公曲"（《星海纪念歌》）、海陆丰白字戏中"响弦"的音响、北方说唱音乐（《第一交响乐》）、广东音乐之《鸟惊喧》、《昭君怨》、《滚绣球》素材（《F 大调小提琴协奏曲》）、母亲所唱海陆丰民歌（《摇篮曲》）、海丰渔歌（《钢琴五重奏》）、西南民歌（《山林之歌》）、安徽民歌（《淮河大合唱》）、台湾阿美族民歌（《阿美组曲》）等大量非北方地区的民间音乐，这说明其"北方民歌"的界域，并不狭窄抑或封闭。

其"现代性"，亦绝非仅如卞祖善所称："他（指马思聪——引者）成功地摆脱古典与浪漫主义音乐的束缚，同时也未陷入 20世纪现代音乐，无调性音乐的陷阱！"（2012）即马思聪的技法，是印象派以后的东西。笔者认为此言不妥，以马思聪《欢喜组曲》为例，其现代的配器手法与和声和复调技巧所产生的尖锐音响，就绝不能以印象派的技巧加以解释，也不能以未进入 20 世纪现代音乐"陷阱"来论辩。如马思聪真如卞先生所说，那就与马先生"反对创作上的公式化和千篇一律，反对人为的一些清规戒律，要求作曲家在风格统一的基础上不断革新……不能保守，要把路开得很宽，不断探索、创新"（转苏夏 2002：8）的"马氏原则"，水火不容了。而以上两点相加，构成马思聪创作上的鲜明"个性"。

其"创造为先"的韵外之旨，从 1948 年香港"时代批评社"编辑张慕辛的口吻，可以得到进一步解读，张说："现在虽然有一些先生们，小姐们，夫人们把中国民歌一批一批像原料出口一样的，贩运到国外去，我们都知道，民歌是中国的民间遗产，是素材，是研究中国民间音乐的起点，需要再出发（原文如此——引者），再改造，才能成为完美的艺术的中国民族新音乐，如果把它像原料一样贩运到国外去推销……将蒙受到'音乐贩子'的耻辱……"。（1948：12）即素材而非成品，是不能示人的，更不能代表"中国的声音",虽马思聪有"民歌即我,我即民歌"(转同上)的理念,但传达中国的声音,不能以原始的民歌,而要像马思聪那样,用创造出来的"交响乐,组曲和音诗……"(同上)即以一种崭新的样貌,来展现中国音乐的新风采。此语表明,马思聪也好,张慕辛也罢,均将"创造中国'新音乐'"推至历史的"前台",虽其有不计其余之"嫌",但这对作曲家马思聪而言,绝对是可以理解的历史现象。由此马思聪被张慕辛称之为"中国国民乐派的急先锋"。(同上)田汉认为:"马思聪先生的存在是我们现代音乐的夸耀。"其理由之一,他的音乐不但有技巧,更有灵魂与热情。(参田汉1948:12)之二,他的音乐可以"开拓更广大生动的天地,真正跟青年跟人民结合在一起"。(同上)其中,也是突出与强调音乐新的"创造",而非仅原汁原味中国民族民间音乐的"展示"抑或"呈现"。

第五,与西方音乐的四百年、与俄国民族乐派一百余年差距的解决方案,及他心中未来中国音乐前景的"直白"是"二十世纪中国开始第一代的音乐创作,欧洲比我们早四百年,俄国比我们早百多年"(马思聪1941:9),尤其是俄国自格林卡以来已经是第三代了,前一代如柴可夫斯基、穆索尔斯基、鲍罗丁等,都在世界乐坛发出了异彩,现在这一代如肖斯塔科维奇、杜那耶夫斯基,又有另一种作风,他们是现时代俄国的反映。同是俄国的声音,时代一变迁,作风也变迁了。(参同上:8)其言外之意是,音乐的风格要随时代变异,绝不能一成不变。正是由于中国与欧、俄存在着的巨大差距,固中国人惟一法则,即"跳越"(参同上:9)而非"亦步亦趋"式前进。并预言:"再过数十年,中国音乐也许有着世界乐坛上最足夸耀的交响乐、歌剧、舞蹈等等,我们的子孙辈回瞻我们这一辈在听京戏、粤剧、昆曲,也许觉得很好笑吧。"(同上:8)此论现在看来似乎不合理,但在当时却极具号召力,正是在发表此论的前一年,马思聪组建并出任现代音乐史中首位由华人组成的专业交响乐团"中华交响乐团"的指挥。在当年该团成立演奏大会中，演奏了马思聪创作的《思乡曲》、《塞外舞曲》、莫扎特的《第40交响曲》等曲目（详张静蔚 2004：53），而正在如火如荼发展中的中华交响乐事业的当口，发出这样的豪迈预测，既可见其对中华交响事业之执著与热情，也可见其对此项事业雄伟的远大抱负。

函

1940 年，马思聪与诗人、作家徐迟在重庆相识并成莫逆之交（详张静蔚 2004：55）后，两人长期互致信函，其中有一封信，未进入研究者视线，即 1947 年 3 月 21 日发表于《东南评论》新 1 卷第 5 期致徐迟的"公开信"《论中国文字的音乐性》（1947：235～236），当时马思聪在广州，这年的 5 月，应李凌、赵沨之请出任香港中华音乐院院长，每月去港一次（详张静蔚 2004：82～83）。马思聪的信，是针对当年 2 月 1 日徐迟题为《中国文字的音乐性的秘密》（1947：148～151）的信函而发。由于徐迟非作曲家对音乐知其然不知所以然，马思聪从作曲家角度，与他共同讨论了一番关于词配曲的问题。其中要点：

徐迟认为中国文字的音乐性的秘密，是分母音与子音，当子音在处于次要位置时，不便于歌唱。故中国文字有"不够音乐性的感觉"。并由此产生"如果意大利是最适宜 Bel Canto 的，中国的方块字是最不适宜的"（1947：148）之言论。而从作曲家的角度，马思聪认为此言差矣，如果说外文比中文好唱，"那就等于说维尼斯的月亮比中国的亮，如果中国文字不适宜于唱，试问民歌如何产生？"（1947：235）并认为不管哪种文字，只要可以表达"性感"——"情感"，那它肯定适宜"唱"。（同上）

其次，结合当时重庆成立的"礼乐馆"这一事件，他认为自周朝以来，乐被礼化后，实际限制了"乐"的发展。尤其礼之"节情"、"限情"、"窒情"，实际是"否定青春的权力"（同上）——这违背了自然法则！马思聪认为："越是生命力强，越是跳舞唱歌，调情，如果否定它们，等于否定艺术。"（同上）这是一个曾深入诸多田野，除西藏之外，中国南北东西走遍后归来的作曲家所得到的深刻感悟，他认定："充满生命力的，还是'淫'的"（同上：236）东西。这实际是说，艺术发展的推助力及最精彩的部分，是最露骨的情歌。对此马思聪是深信不移的！

他的最终结论是：中国文字的根本秘密，"就在几个字结成一个字的原则上"，它是和一切西洋文字一样唱得，谈得，而且可以唱得好像那些美丽的民歌一样（参同上）的文字。而其所谓字之结合的原则，大意为：根据字音表义的重要程度，灵活地给予相应的处理。即重要的、表义（意）、表情的字，总是相对处于重拍或修饰、强调状态，以突出其字音，进而达到清晰表意的效果。（参同上）而听不清歌者所唱字音、字义，在演唱中，是最失败的。

歌

马思聪对"抗战歌"的创作，始终投注着如一的热忱，他曾于1939年12月撰文《我怎样作抗战歌》（1939a：8～12，以下简称《战歌》），称："我大部分的抗战歌都作于廿七年的正月二月间：《自由的号声》、《前进》、《游击队歌》、《冲锋》、《保卫华南》、《战儿行》、《让我们》等……。"（同上：11）其所述，有一首未被提及的、马思聪创作于1938年4月①的抗战歌《中华的子

---

① 此歌发表于1938年4月，一鸣编《抗战歌声》（新声出版社，转王秋萍1985：111）

孙》(以下简称《子孙》，词作者为零零①)，故此歌当作于《战歌》发表之前。如此重要的专属马思聪的"抗战歌"被作者本人"遗漏"，是马先生的千虑一失，还是由于其它原因所致？现已查明：《子孙》在《马思聪全集·第六卷（其他音乐作品）》刊出（《马思聪全集》编委会 2007b：64）时，所据版本为钟立民、金帆编《马思聪歌曲选》(1995：16) 中《子孙》，此歌名出自歌词的第二句，但没有前奏（两小节），也未注明出处及时间，这即《马思聪全集·第六卷》收录此歌的"源出"。但奇怪的是：于林青在《读〈马思聪歌曲选〉札记》一文，提到马思聪在抗日战争时期创作的 20 余首抗战歌中，有名曰《赶走野蛮的鬼子》(详 2002：36) 一歌，其与笔者收录的《赶走强蛮的鬼子》(以下简称《强蛮》)，仅一字之差；词作者"零工"，亦与笔者所录"零零"，有一字之别。查钟立民、金帆编《马思聪歌曲选》(1995：16)，此歌即《子孙》，这不能说于林青所言有"误"，而只能说历史上，《子孙》曾以两、甚至三或更多歌名——异名同曲——传世。(详王秋萍 1985：54～55) 这其中的原委，至今，未被提及一字。此歌虽非"漏载"，但其历史演变的"来龙去脉"无疑是被"疏记"了！

从出版的"历史时间"论，当以一鸣 1938 年 4 月编辑出版的《抗战歌声》中之《子孙》为"首版"；此歌被麦伟编辑的《抗战歌曲集丛》1938 年 7 月第 2 版再次刊载时，以《强蛮》面世，这是被后来研究者忽略了的重要历史"细节"：中华民国的首都南京在 1937 年 12 月 12 日陷落后，国民政府依然在寻求国际社会对中国的同情与援助，故未对日本帝国宣战，一切出版物

---

① 疑为"李凌"，证据：一、李凌研究专家项筱刚称，李凌曾以"林玲"做笔名，他亲见其写给友人的一封信中，如是写，但李凌有几十个笔名，故此"疑"尚待进一步核实。

中，不能出现刺激日本人的词句；同时，也在积极应战，南京陷落的第二天（即1937年12月13日），国民政府军事委员会既已拟定了保卫武汉的作战计划，先后调配、部署了约50个军130个师和各型飞机200余架、舰艇及布雷小轮40余艘，共100余万人，利用大别山、鄱阳湖和长江两岸的有利地形，组织防御保卫武汉。自1938年5月，徐州失守后，形势更加危急，而此时，《子孙》以《强蛮》面世，窃以为：更加贴近当时的政治并直抒胸臆，也是对抗战军民的身心鼓舞及全体中国人战斗意志的宣泄。当该歌集迅速在汉口"祖国出版社"印出两版（即第2版与增补版（1938a、1938b），印数均在万册以上）时，正值日本帝国主义的铁蹄践踏、围剿武汉之期，这表明该歌集有极大的社会需求量，《强蛮》在此刻的传播，可谓"风借火势，火助风威"！

《强蛮》（马思聪1939b：84，见谱例1，为笔者据马思聪原作的第三个历史版本①原貌绘制）以简谱形式刊出，E大调2/4拍，这是马思聪在以后要求音乐的学习者，对五线谱、简谱均要掌握之"现身说法"的最好实例。理由很简单，五线谱适宜专业人士掌握，简谱则有利于开展音乐的普及工作。《强蛮》在当时，显然针对非音乐专业的广大人群。1938～39年随着武汉的陷落、国民政府退守重庆，中国的抗战形势岌岌可危，此时，马思聪所说"音乐穿上武器，吹起号角便着实参加这大时代的斗争了"（1939a：8）这番话，实有所指。自马思聪1936年冬天在上海创作出第一首抗战歌曲《中国的战士》后，就抱定"抗战歌是写给民众的"（同上：9）这一宗旨，坚持在创作上，技巧"不可复杂，要适合大家唱，歌曲要容易、有力，但并不是幼稚、浅薄"。

---

① 《新中国歌集》（乐波编），由于该歌集出版社、出版地、出版年月日信息均无，仅编者乐波所写"例言"落款处有1939年5月10日之记录，中国艺术研究院音乐研究所资料室据此认定出版日期。（详1994：80）

（同上）而他此后，不但坚持创作了一系列抗战歌，还时常担当群众性抗日救亡歌咏的指挥。（参汪毓和2000：223）1943年12月2日美国驻华使馆的派柯特（E. K. Peket）所写《战时中国艺术中的中国抗战音乐活动》报告称："小提琴家马思聪在这方面的工作做得最多……他经常到前线慰劳将士，开露天音乐会，招待士兵们听。也许，他会遭遇到许多困难，但他却仍不懈地工作着。"（1943：446）国人对此，也留有深刻的印象，田汉认为："他（指马思聪——引者）在抗战中的音乐工作证明他在和祖国广大青年在同样追求，同样进步。"（1948：12）正可谓"同声相应，同气相求"。

《强蛮》共20小节，2小节前奏（一小节结于"羽"，另则收于"宫"，这明显是一种暗示或称对全曲主要色彩音的"提取"），无伴奏，为典型的群众队列歌曲。调式：为加变宫的E宫六声调式，其中蕴含着宫、羽、角、徵多种色彩；旋法：动机来自前奏第二拍以下的五个音（sol la mi re do），有浓郁的中国民族情趣；句法，为两句式（见表1）：

表1

句法	前奏（2）	A（8）	B（10）
小节	1＋1	a（4＋2＋1＋1）	b（2＋2＋2＋2＋扩充2）
落音	宫羽	宫徵宫宫	宫羽羽角宫

A与B句的衔接为合尾式，a句的发展，呈偶、奇数"递减"；b句，按歌词，是以偶数进行为主，但从乐句的落音及前奏的提示看，又可将此乐句分为2＋1＋1＋1＋1＋1＋3，即主要以宫、羽两种色彩交替为主，故构成此乐句的多重色彩。从《强蛮》的精心设计与编排中可见：即使是一首极为简单的群众性歌曲，马思聪也是精心设计的。这可能就是马氏"容易、有力，但并不是幼

88

稚、浅薄"的"抗战歌"作曲原则之最佳"注脚"。

从词义而论,《强蛮》虽简略,却反映了当时重大的政治内容,如:"用合一的手"句,所揭示的是自"西安事变"后,全国暂时形成的"统一战线",使国人看到了希望,并有"平型关大捷"、"台儿庄大捷"、"万家岭大捷"等中国军队对日作战的胜利,给国人以极大信心与鼓舞。随着抗日战争形势的发展,"鬼子"的强蛮,已达不可一世的程度,消极抗日的心态,沉渣泛起,尤其自汪精卫1938年12月29日在越南发出媚日的"艳电"中,提出与日本"恢复和平",是汪精卫、这个国民党的第二号领导人物公开"叛国投降"的铁证,中国抗战士气受到了巨大的打击。而在此刻,音乐界发出"赶走强蛮的鬼子,凶暴的倭奴"之呼声,表明了绝不与汉奸合流及坚决抗战的决心。这是极为难能可贵的!

当然,在词曲关系上,《强蛮》并非无懈可击,如"国土"、"起来"、"向前去"、"拳头"等词之后一字,由于在配音中仄低平高,土、来、去、头,被唱成"图"、"lāi"(按:此音无相应汉字)、"渠"、"偷",这明显是把字唱倒了;另外在字音节奏上,也有仄长平短的现象,这些问题在目前看来,有马先生以广东式国语配音的标准问题,也有他在乐配字时,"根据字音表义的重要程度,灵活地给予相应的处理"的歌词处理方式、方法问题。

结　　论

本文借四则新见或疏记史料所勾勒出的历史画面中,突现了马思聪对中国小提琴教学和开创中国小提琴学派的特殊贡献,以及其对民歌与中国音乐创作、中国文字的音乐性、抗战歌创作的独特见解和实践。虽马先生平时拙于言辞,但当他投笔为文或落笔谱歌时,其人格的独立、思想的卓尔不群、品性的高雅、文思

谱例1

赶走强蛮的鬼子

零 零词
马思聪曲

E 2/4

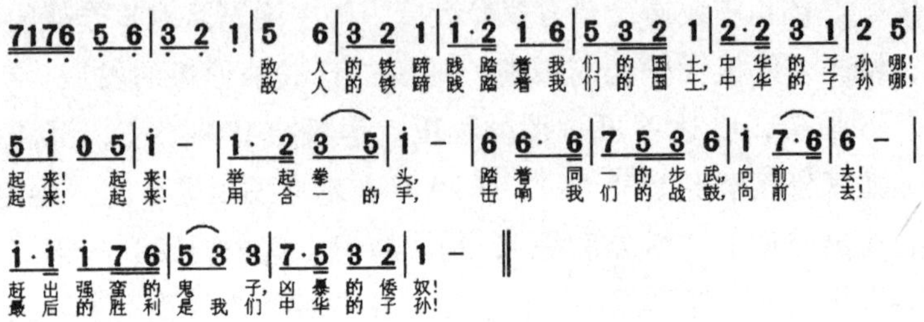

```
7176 5 6 3 2 1 5 | 6 3 2 1 i· 2 i 6 | 5 3 2 1 2·2 3 1 | 2 5 |
      敌  人 的 铁 蹄 践 踏 着  我 们 的 国 土 中 华 的 子 孙 哪!
      故  人 的 铁 蹄 践 踏 着  我 们 的 国 土 中 华 的 子 孙 哪!

5 1 0 5 | i - | 1· 2 3 5 | i - | 6 6· 6 7 5 3 6 | i 7·6 6 - |
起  来!  起 来!   举 用 起 合 拳  头,  踏 击 着 响 同 我 一 们 的 步 战 武,鼓 向 向 前 前 去! 去!

i· i i 7 6 | 5 3 3 | 7· 5 3 2 | 1 - ‖
赶 出 强 蛮 的 鬼  子,凶 暴 的 倭 奴!
最 后 的 胜 利 是 我  们 中 华 的 子 孙!
```

及乐思的巧妙，一一力透纸背，使人有高屋建瓴、醍醐灌顶的感受。笔者在此欲再总结如下：

第一，他所论民歌的标准，一反古今"文化价值相对论"的圆滑与投机，而文化如果没有优胜劣汰及"标准"，我们的思想、审美、甚至文化场地的容量，将绝不够用。甚至发生死人与活人争地的可怕场面。故文化的存留，总是有选择的，绝非照单全收！由此，笔者想到，马思聪在与毛泽东谈音乐时，毛说："艺术必须为人民乐于接受。马说：不，伟大的作品往往要经历多年才能为群众所理解和接受……。"（转陈自明2002：5）他对毛泽东的顶撞及上论"标准"，显现了马思聪性格上的棱角及与之相应的鲜明标准之个性。

第二，文化最原始的推动力，如果被当今所谓的"高人雅士"遮遮掩掩，或羞于启齿，那才是最假、最虚的说词与做派。恕我直言，此"虚假"对后学不利，于学界无补。

第三，马思聪在1940年代的意义，正如端木蕻良所说："思聪的价值还不在于他的深湛的表演技巧上，而在于他正在写出我们民族的音乐，他的这种努力和果实，都是值得我们珍视的……

我们的民族新音乐已经逐渐成长，这是多么值得喜悦的事。"
（1948：13）基于此，端木称马思聪为中国的"人民音乐家"（同
上），而称他的作品及新的音乐思想，是"民族文化的新的血
液"。（同上）也正是在此时，马思聪的创作，体现出越来越鲜明
的时代性，并与世界性追求"民主"的"顺之则昌，逆之则亡"
（孙中山语）之大趋势契和，正如张文纲所言："在民主高涨升起
来的时候他歌唱《民主》（大合唱名，下同，不一一注明——引
者）；当人们复员不得的时候他咒诅无理的《抛锚》；当血污又染
遍山河的时候他叫人们回想起那壮丽的《祖国》；而当'古旧的
碉堡'必定要在春雷中倾倒的时候他叫出了《春天》的预言。"
（1948：14）

　　第四，马思聪的史料，首先，并未被深入解读，如：由笔者
从《强蛮》所揭示出的"异名同曲"现象，背后有很多历史成
因，笔者所论，可说仅冰山一角。限于篇幅，笔者还未遑论及
"同名异曲"现象呐；其次，也未"竭泽而渔"，据笔者所知，马
思聪创作的《窗前谁种芭蕉树》（歌曲）［邵光编《圣乐合唱曲
选》第 1 集，见上海音乐公司最近出版广告（无出版日期），约
1949 年前后（由中央音乐学院俞玉姿教授提供信息）］及马思聪
相关文献如：

　　陈洪《介绍马思聪作品演奏会》（1946：229）；亦庵《一位
青年的音乐天才：马思聪访问记》（《文华》1929 年第 3 期）；钱
仁康《从黄色音乐到民歌：向马思聪旅行演奏筹委会所主办的音
乐座谈会提出书面意见》（《音乐评论》1948 年 23 期）；戴天吉
《听马思聪广播、读缪译"音乐的构成"》（《音乐评论》1948 年
24 期）；陈迟《马思聪的道路》［《世纪评论》1948 年第 4 期
（总第 20 期）］；菲菲《从马思聪演奏会说起：国民党文运工作是
怎样失败的?》［《大众新闻》1948 年第 1 期（总第 10 期）］；刘
昉《弦外之音：从马思聪演奏会想到》［《展望》1948 年第 2 期

（总第 21 期）]；苏群《人民的音乐家：马思聪》[《综艺：美术戏剧电影音乐半月刊》1948 第 2 期（总第 6 期）]；白桦《灯塔：马思聪的创作路向》[《关声》1948 年第 2 期（总第 2 期）]；吴燕《乐坛名将马思聪来沪扫荡靡靡之音》（文教消息）[《文藻月刊》1948 年新 1 期（总第 10 期）]等，均未进入音乐史学家研究的视野，笔者拟另文专论。

　　令笔者匪夷所思的是：陈洪，这位马思聪的"发小"的重要文章（1946：229）最应被关注但却被遗漏，那陈洪所说："我们对于作曲家马思聪的期望是非常之大。中国音乐之复兴，必须跑上这一条路线——国民乐派……现在看见马氏作品的动向，和我们的理想正吻合，很足以为中国音乐前途称庆。"（同上）这类对马思聪研究、评价而言，绝对重要的"话语"，被音乐理论界置若罔闻，就"理所应当"了。

　　第五，马思聪的四则史料，与音乐创造，均有关联：作为小提琴演奏家兼教师马思聪的另一重要品质——"音乐创作"在其学生杨宝智、阿克俭身上得到的延续，绝非偶然，肯定是言传身教的结果；而"音乐创造"之所以得到马思聪的特殊强调，与他所认识到的与外国音乐发展的差距及对中国音乐的深刻体悟，有内在联系。迎头赶上，并以最先锋、前卫的音乐技法①，辅之以最精粹的民族音乐为内质、素材、原动力，似乎顺理成章。他

---

　　① 这种信念对马思聪而言，始终如一，即使 20 世纪 50 年代，中国虽对西欧、北美封闭，但现代音乐的信息传播并未终止，以中国音乐家协会对外联络部 1956 年 5 月 21 日组织的"现代世界的音乐和日本音乐家"（主讲人：日本音乐评论家山根银二）的报告为例，其中有大量对自法国印象派以来，〔意〕雷斯比基、皮盖蒂，〔俄〕斯克里亚宾、斯特拉文斯基，〔德〕理查·斯特劳斯，〔奥〕马勒，〔匈〕巴托克、柯达伊，〔德、美〕亨德米特，〔法〕赫佐格、米约，〔德〕勋伯格（十二音技法）等人五花八门的各式现代音乐之介绍，另对"电子音乐"、"具体音乐"，也有详细讲解。（详中国音乐家协会对外联络部 1956：1～10）这些信息，对身为中国音协副主席及该次报告会的组织者马思聪而言，绝不可能无动于衷或毫无影响。

以"广式国语"所阐述的"创造为先"一语，是马氏新音乐发展观中最核心"理念"，它充分表露了马思聪发展中国新音乐的急迫心情及以"新式"、"不同以往"的音乐作品报效祖国的赤子之心。中国近现代音乐史中，音乐技法的更新，总是处于永不疲倦，无终无止的状态，因即使在"文革"政治高压下，依然有朱践耳、罗忠镕、金湘、王西麟等一批音乐家，在执着地探索、学习西方现代派各种技法与实践。更何况在马思聪一代人中，我们可以看到一系列对现代派技法与方法进行探寻的先辈们的足迹。而马思聪是这方面的典型，并将触角深深嵌入最前沿的西方技法之中，其对后人的启示及为我们留下的"华章"，既是今人的财富，也是鞭策我们前行的力量。正可谓"历久"而"弥新"。

谨以此文，作为对马思聪先生百年诞辰的纪念。

参考文献

马思聪

1935：12月15日《童年追想曲》［J］上海，《良友画报》112期。

1939a：12月《我怎样作抗战歌》［C］马之庸编《居高声自远·马思聪》［C］天津，百花文艺出版社2000年1月版。（按：此文发表日期，以百花文艺出版社附在书中的更正为准。）

1939b：5月10日作曲《赶走强蛮的鬼子》（抗战歌曲）词作：零零［A］无出版地，乐波编《新中国歌曲》，无出版社。

1941年9月27日《民歌与中国音乐创造问题》［N］香港，《大公报》；转茅盾主编1941年11月1日《笔谈》（半月刊）第5期［J］香港，笔谈社。

1947：3月21日《论中国文字的音乐性》［J］黄问白主编《东南评论》新1卷第5期［J］江西赣州，建国文化出版社。

2000：1月马之庸编《居高声自远·马思聪》[C]天津，百花文艺出版社。

2008：1月马之庸编《居高声自远·马思聪》[C]天津，百花文艺出版社。

2011：11月马之庸编《居高声自远·马思聪》[C]天津，百花文艺出版社。

《良友画报》编辑部

1936：4月15日"美化的教育"（照片）[Z]上海，《良友画报》115期。

一　鸣

1938年4月编《中华的子孙》[C]出版地不详，新声出版社。

麦　伟

1938a年7月编《抗战歌曲集丛》[C]汉口，祖国出版社。

1938b年8月编《抗战歌曲集丛》（增补）[C]汉口，祖国出版社。

〔美〕派柯特（E. K. PeKet）

1943：12月2日模译《战时中国艺术的中国抗战音乐活动》[A]美国驻华使馆主编《中国演奏界》[C]中国音乐家协会、中国音乐研究所编《中国近代音乐史参考资料·论文选辑》第四编（1937～1945）第一辑（下册）[C]北京，中国音乐家协会、中国音乐研究所1959年4月11日（油印本）。

陈　洪

1946：5月19日《介绍马思聪作品演奏会》[N]上海，《时事新报》；转俞玉姿、李岩主编《中国现代音乐教育的开拓者：陈洪文选》[C]南京师范大学出版社2008年6月第1版。

徐　迟

1947：2月1日《中国文字的音乐性的秘密》[J]黄问白

主编《东南评论》新 1 卷第 5 期［J］江西赣州，建国文化出版社。

端木蕻良

1948：10 月《人民音乐家马思聪》［J］上海，《求是月刊·马思聪旅行演奏会特刊》第 5 期。

田　汉

1948：10 月《中国的声音》［J］上海，《求是月刊·马思聪旅行演奏会特刊》第 5 期。

张慕辛

1948：10 月《为马思聪旅行演奏而写》［J］上海，《求是月刊·马思聪旅行演奏会特刊》第 5 期。

张文纲

1948：10 月《马思聪的创作领域》［J］上海，《求是月刊·马思聪旅行演奏会特刊》第 5 期。

中国音乐家协会对外联络部

1956：《"现代世界的音乐和日本音乐家"——日本音乐评论家山根银二先生的报告记录》［Z］北京，中国音乐家协会对外联络部内部参考资料之三。

王秋萍

1985：6 月编《四十四位音乐家歌曲作品索引》［C］北京，中国艺术研究院音乐研资料室铅印本（未出版）。

中国艺术研究院音乐研究所资料室

1994：3 月编《中国音乐书谱志（先秦——1949 年音乐书谱全目）》（增订本）［M］北京，人民音乐出版社第 2 版。

钟立民、金　帆

1995：11 月编《马思聪歌曲选》［C］北京，人民音乐出版社。

汪毓和

2000：1 月《马思聪在中国近现代新音乐文化发展中的地位》
［A］马之庸编《居高声自远·马思聪·附录》［C］天津，百花
文艺出版社。

陈自明

2002：9 月《马思聪的人格魅力——纪念马思聪诞辰 90 周
年》［J］广州，《星海音乐学院学报》第 3 期。

林耀基

2002：《心香一瓣献吾师》［C］广州市文化局、广州市文艺
创作研究所、马思聪研究会主办《马思聪音乐艺术研究专辑·广
东音乐研究》第 5 期。

苏　夏

2002：《马思聪论艺术和专业音乐活动》［J］广州市文化局、
广州市文艺创作研究所、马思聪研究会主办《马思聪音乐艺术研
究专辑·广东音乐研究》第 5 期。

杨宝智

2002：《马思聪的小提琴教学特点》［C］广州市文化局、广
州市文艺创作研究所、马思聪研究会主办《马思聪音乐艺术研究
专辑·广东音乐研究》第 5 期。

于林青

2002：《读〈马思聪歌曲选〉札记》［C］广州市文化局、广
州市文艺创作研究所、马思聪研究会主办《马思聪音乐艺术研究
专辑·广东音乐研究》第 5 期。

张静蔚

2004：7 月编著《马思聪年谱》（1912 ～ 1987）［M］北京，
中国文联出版社。

《马思聪全集》编委会

2007a：11 月编《马思聪全集·第七卷（文字·图片》［C］

北京，中央音乐学院出版社。

2007b：11 月编《马思聪全集·第六卷（其它音乐作品）》[C]北京，中央音乐学院出版社。

2009：12 月编《马思聪全集·补遗卷（音乐作品·图片》[C]北京，中央音乐学院出版社。

卞祖善

2012：5 月 7 日 15～16 时李岩记《在马思聪百年诞辰纪念大会上的讲话》[Z]海丰县迎宾楼礼堂。

（中国艺术研究院音乐研究所研究员）

马思聪对中国专业音乐教育
的贡献初探

汤　琼

马思聪是中国著名的作曲家、小提琴家、音乐教育家。

以往对马思聪的研究多集中在他的音乐创作方面，有些对他小提琴演奏、教学的论文、访谈等，但也不够深入，涉及他在音乐教育方面的研究却很少。本文主要针对马思聪作为音乐教育家和音乐教育机构的领导者，对中国专业音乐教育的贡献进行初步探讨。

作为一位音乐家，一位专业小提琴演奏家和作曲家，马思聪从没有停止过创作和演奏，作为一位音乐教育家，从他 1932 年初（19 岁）回国，也没离开过教学。

马思聪曾说：“我幸运地 11 岁那年到法国去，我所受的音乐教育就完全是法国的。”作为一位在法国接受高等专业音乐教育的音乐家，他对音乐学院的办学有着自己独特思想和做法，事实证明他的思想是符合音乐教育规律的，对探索一条符合中国国情的专业音乐教育道路具有重要的意义。

作为音乐教育家的马思聪，他对中国专业音乐教育的贡献主要体现在以下几个方面：

一、创办音乐教育机构并长期担任
音乐教学工作

1932 年从法国回到中国，当时只有 19 岁的马思聪就开始办学，与陈洪创办私立广州音乐院，任院长，并教授小提琴、钢

98

琴、视唱练耳等课程。1933年～37年任南京中央大学教育学院讲师，教授小提琴、中提琴和大提琴，1933年开始教授弟弟马思宏小提琴。1934年受聘为国民政府教育部音乐教育委员会委员。1937年受聘于广州中山大学教授到1942年①。

1946年任广东艺术专科学校音乐系主任，5月同时任香港中华音乐院院长（李凌、赵沨开办的业余音乐大学），培养了不少音乐家。1949年也曾被聘为北京大学音乐教授。

1949，年12月被政务院（即国务院）任命为中央音乐学院院长，一直到1966年，担任了近17年的院长，具有丰富的教学和管理经验。

本文主要谈作为首任中央音乐学院院长，马思聪对专业音乐教育的贡献。

二、奠定专业音乐教育教学、表演和科学研究的基本格局

从建院之初的中央音乐学院办学思想，到学校的课程设置、大量音乐人才的培养和长期从事教学工作等，都体现了马思聪的专业音乐教育思想对学院发展的影响，以及对中国专业音乐教育发展的贡献。

从中央音乐学院建院初期，就确定了音乐学院教学（各个系）、表演（音工团）、研究（创研部）的基本格局。将音乐创作、表演和研究融为一体，相互促进，奠定了中央音乐学院办学的基础。

马思聪本人的演奏、创作、教学一直是同时进行的，他一生

---

① 1939年中山大学迁往云南澂江，马思聪到达云南，继续任教于中山大学。1942年中山大学迁回广东坪石，马思聪又回到广东，任教于中山大学。

几乎没有停止过演奏，没有停止过创作，在去美国前，也没有停止过教学，并且，马思聪曾发表大量的文字著述，仅1950年到1967年发表近38篇①。因此，他的音乐思想不仅体现在他的创作中，也影响和体现在他的专业音乐教育的思想中。

三、重视音乐基础训练、注重专业技能的培养

遵循音乐教育的规律，突出专业音乐教育和训练在音乐学院的重要性，加强基本功的训练，注重专业技能的培养，这是马思聪一贯的音乐教育思想，具有科学性。

马思聪1963年发表在《人民音乐》第二期的《独唱独奏之我见》一文中，他写道："如何更有效地提高演唱演奏水平的问题，首先谈一下关于基本功的问题……，基本东西要正确，才能一步步走下去，对基本功，不同的表演艺术有不同的理解，对于小提琴来说，音阶、练习曲是基本功，但我要谈的不是这些，是基本功的基本功，即'路子正'的问题。"实际马思聪谈的是对音乐的认识和理解，正确声音的概念等，这是学音乐最重要的基本功。基本功不只是技术的概念，这一点是很重要的。

其次，马思聪非常重视视唱练耳，他认为视唱练耳的水平和一个人的音乐才能关系很大。这也许与他受的法国高等音乐教育有密切的关系。

建国初期，我国"视唱练耳"教材奇缺，马思聪先生为此亲自写了《视唱练习》一书，并写了自序，该书于1953年10月由上海新音乐出版社出版。他在序中写道："视唱这一门

---

① 根据《马思聪全集》第七卷"义字图片"统计。中央音乐学院出版社出版。

功课是学习一切音乐（学问）的基础。通过它，作曲家才能用音乐来思考，声乐家、器乐家才能辨别音与节奏之准确与否；通过它，写在纸上的音符才能变成具体的音进入脑筋，把他们唱出来、演奏出来、想象出来。""这本视唱练习的写成，鉴于我国视唱课本的完全缺如。当然，也可以用法国的 Solfege des solfeges，但显然是不能令人满足的，中国的音乐工作者有义务写一些自己的课本。""这本课本在进度上没有很标准的由浅入深的次序，并且进度太急，希望以后能另插数十首，就可以使进度更平均、更合用了，主要的是希望这本视唱练习的出版，引起我国音乐工作者更多注重这门功课，写出更多更好的试唱课本来。"同时指出，"我认为，专门的音乐学校，应当采用固定唱名法，同时也要精通简谱，以为做普及工作之用"。

四、重视对民族民间音乐的学习，注重中西音乐的兼容

马思聪特别强调在吸收西方优秀的音乐文化遗产的同时，建设中国自己特色的专业音乐教育。重视对中国民族民间音乐的学习，强调中西兼容。

他曾说："中国的音乐家们除了向西洋音乐学习技巧，还要向我们的老百姓学习，他们代表我们的土地，山，平原与河流，新中国的音乐不会是少数人的事，它是蕴藏在四万万颗心里头的一件事。"[1]

他在中央音乐学院成立典礼的讲话中就指出，我们的教育方针：

---

① 《中国新音乐的路向》1945 年。

"1. 以学习马列主义毛泽东思想，进行革命理论与实际教育，培养革命的人生观与科学的思想方法。2. 以世界古典、苏联、中国民间的与近代革命的音乐，进行音乐理论与实际的教育。3. 以各种方式与当前的实际斗争，以及群众的音乐工作相结合，达到学用一致，理论与实践统一，培养联系实际，联系群众的音乐工作作风与实际工作能力。"①

在明确了办学的指导思想和宗旨以后，课程的设置等就是按照这个精神来设计的。如 1950 年，声乐系的课程设置：声乐、民间音乐研究、戏曲常识、说唱、表演、朗诵、外文（意、法、德语）。其中民间音乐研究和戏曲常识两门课程是强调民间音乐学习的体现。这个时期所开设的部分音乐技术的课程，如作曲技法、基本乐理，也明显加强了对我国民族民间音乐的学习和研究等方面的内容。

1952 年的教学改革其中有一条就是积极引导师生学习民歌、说唱、戏曲等传统音乐，当时全校增加了"讲座课"，主要是介绍中国民间音乐，全院所有专业必修。

从学院的教学计划、课程设置中都明确了对民间音乐学习的重视。

马思聪自己的创作也是坚持的中西音乐文化的交融。

五、重视表演艺术的实践

在担任行政职务和教学工作的同时，马思聪本人从来没有停止过自己创作和演奏。他既当过指挥，又是当时中国著名的小提琴家和作曲家，他对音乐和音乐教育的规律认识非常明确。他的个人经历也是对他的这种思想的最好的解读，他认为，专业音乐

---

① 汪毓和主编，王凤岐副主编：《中央音乐学院院史》第14页。

院校，音乐学生的表演实践非常重要，特别是合奏课、合唱，不能脱离表演实践。

在1953年的教学方案中有很重的合奏课（包括伴奏），五个学期，每周0.5加2.5课时。第五年还有一年的教学实习。

在1955年～58年中央音乐学院进行的第二次教学改革中，初步加强了师生的艺术实践，在专业教学上贯彻了理论联系实践的原则。同时修订了各专业的教学方案，拟定了各项课程的教学大纲。学习苏联和东欧在专业教育方面的经验，使得学生的专业水平得到一定提高。在中央音乐学院《1960～1962年发展规划》教学计划中对教学和课外练习的总时数，以及体育活动、生产劳动、创作、演出实习等都有明确的规定。如在有关"创作和演出实习，经常性的实习"内容中包括创作、演出、伴奏、辅导、教学实习等内容，每周3小时，每学年集中实习三周。

学院的学生参加了各种演出多场，加强实践能力的培养，提高了学生的表演能力和水平，以及和社会的联系。

六、珍惜人才，强调因材施教，对中国 小提琴教学的做出巨大贡献

马思聪年轻时就开始从事小提琴教学，培养了马思宏等小提琴家，任中央音乐学院院长期间，曾兼任小提琴教授，著名的小提琴教授林耀基、韩里、刘育熙等均为其入室弟子，另外还有小提琴家盛中国、音乐学家黄晓和、作曲家杨宝智等也曾跟马思聪学习小提琴。

马思聪在小提琴的教学中同样重视基本功，要求学生掌握扎实的基本功，重视听力和视谱能力的培养，他认为如果视唱练耳不好，琴就拉不好，据杨宝智回忆：马思聪到广州去，亲

自考学生，内容除了视唱练耳还有视奏等，非常重视学生的能力。

尽管小提琴教学在马思聪一生中并没有占很多时间，但他对我国提琴界的影响很大。

世界著名的小提琴教育家林耀基教授就是在他 15 岁时遇到了马思聪这个伯乐，马思聪慧眼识珠，把他特招进中央音乐学院的少年班，曾跟随马思聪学琴六年。林耀基学琴晚，基本功不够好，以他的条件当不了出色的演奏家，但林先生热爱小提琴，因此，马思聪建议林耀基把学习和工作的中心都转到教学上，随后又把他选派到苏联留学，林耀基牢记马先生的教诲，日后在小提琴教学上取得了震惊世界的影响和成就。[1]

学琴先学艺，马思聪的小提琴教学贯穿着教育学生要做老实人，做有益于人民的人。

马思聪常根据不同学生的情况，为学生指明学习工作的方向。例如小提琴家、作曲家杨宝智回忆：他在考音乐学院的时候，作为考官的马思聪认为视唱练耳水平与一个人的音乐才能关系很大。他当时 17 岁，马思聪认为他年龄还小，读作曲系把时间都浪费在做和声习题、计算有没有平行五度、犯不犯规上面，很可惜！那些东西没用的，并建议他不如先学小提琴，提琴拉好了，同时注意大师们是怎么写的，就自然会作曲了。杨宝智接受了马思聪的建议：先学小提琴，后学作曲。

从马思聪的做法中，我们可以看到，爱才还要看对路，教师要用自己的经验和责任心，为学生指引一条适合他们的道路。要因材施教。

---

① 见林耀基：《马思聪影响了我一生》。

104

七、鼓励创新精神，注重培养
学生的创造性

"学习时尽量严格，创作时尽量自由。"

马思聪的很多的思想对我们当下办学都具有很高的价值：比如他谈到作曲：在《从提琴到作曲》一文中①，他写道：作曲是一种创作的冲动，我作曲在我学和声之前，这个凭自己去摸索道路的作法是尤其好处的，我开始作曲几乎两年后才学习和声和一切作曲的技术。开始作曲的头几年写了一些西洋色彩的作品。所谓西洋色彩，并不单指旋律上而言，主要的是一种思索的方式，情感的状态和乐曲的形式，而和声当然也包括在内。

冲动、感性这是很重要的，现在一切往往是技术至上。

"这些年来我们的路开的不够宽，存在许多清规戒律，我们常常是不欢迎的，害怕一些新鲜的东西，这时会限制我们音乐向前发展的，洋土之争有事近于互相排斥，这是很不好的，我认为洋也好、土也好，只要演奏的好、做的好都会有贡献。"②

八、注重学生全面素养的培养和提高，
培养高素质音乐人才

在一篇谈傅聪获奖（《人民音乐》1955 年）的文章中，马思聪认为，作为一个演奏家，一定要提高自己的一般文艺修养，同时对技术更要勤加锻炼。技术是基础，但仅仅是手段，它本身不是目的。我们所要追求表现的却是作品的内容，是它的思想感

---

① 收录在 46 年台湾出版的《马思聪提琴演奏会特辑》。
② 《作曲家要有自己的个性和独特的风格》——1956 年。

情，在这一方面就不得不同时提高一般文艺修养，音乐上的表现力不是死命去学就可以得来，对乐句的处理，要演奏者自己去感觉，不是多练几遍指法就可解决的。——这在他的办学的思想上就会体现，在小提琴的教学中也有体现。

他常提到他的老师毕能蓬对他的教诲："一个作曲家必须具备多方面的艺术知识和素养。"①

马思聪本人对普及古典音乐作出了很大贡献，他密切关注音乐生活，不脱离社会，写了很多的乐评（敢于提出问题，不是全部的赞美）。他关于音乐和音乐教育的许多音乐思想都体现在他的文章、乐评和创作中，他一方面重视中国民族民间音乐学习，注重音乐基本功的训练（如视唱练耳）、重视表演艺术的实践，另一方面注重培养学生全面的素养，特别是对学生全面的修养，文学、美学等培养。他的学生曾提到在演奏作品的时候，马思聪会先引导学生去了解、学习跟作曲家相关的艺术方面的知识，如演奏德彪西，先讲印象派的绘画、象征派的诗歌，启发学生深的去理解作品，从而才能把作品的风格演绎到位。

他发表文章、写乐评，率团出国参加音乐节、担任国际重大比赛的评委，这些对刚刚成立的新中国，在国际音乐界发出自己的声音，代表中央音乐学院，也是很意义的。

他的音乐教育思想和对中国专业音乐教育的贡献正如王次炤院长所说：马思聪先生对中国音乐教育的发展作出了巨大贡献，尤其是中央音乐学院的每一步发展都与马思聪院长所奠定的学术传统密不可分。作为音乐教育家，马思聪奠定了新中国专业音乐教育的基础，他的教育思想深深地影响着中央音乐学院几十年的建设和发展。他不愧为新中国专业音乐教育的开拓者和中央音乐学院学术建设的奠基人。

---

① 1961 年马思聪在《羊城晚报》上发表《我和美术》一文。

参考文献：

1.《马思聪全集》 第七卷《文字图片》 马思聪全集编辑委员会编 中央音乐学院出版社 2007 年

2.《论马思聪》 马思聪研究会编 1997 年

3.《马思聪的演奏艺术和音乐创作——在马思聪诞辰85 周年纪念会上的发言》 苏夏 中央音乐学院学报 1997 年第四期

4.《中央音乐学院本科培养目标、教学体制和课程设置的演变》 汤琼 中央音乐学院学报 2010 年第四期

5.《〈林耀基访谈〉摘选之五——马思聪影响了我一生》凌紫 小演奏家 2009 年第 9 期

6.《记忆中的马思聪》 杨宝智 中央音乐学院学报 2010 年第 4 期

7.《马思聪论艺术和专业音乐活动》 中央音乐学院学报 2002 年第 2 期

8.《中国大陆高等专业音乐教育体制发展研究》（博士论文）汤琼 2006 年

解读马思聪先生二、三事

王　勇

从博士论文研究王光祈开始，我就尝试着使用"关联视角"的方法论解读近现代的音乐家。"视角"是指物体两端发出的两条光线在眼的光心交叉而成的夹角，物体愈小或距离愈远，则视角愈小。摄影镜头视角大小依镜头焦距长短和像幅大小而定。镜头视角的大小与它能够清晰结象的范围有密切关系。借用此概念，我将研究视角，扩大到与研究对象相关联的范围，故称"关联视角"。

辨证唯物主义认为：物质世界是有机联系的统一整体，物质世界中的一切事物或现象，包括每个人的作用于物质世界的行为和与这个人的行为相关的人与事，彼此都是有机地相互联系着，相互依赖着，相互作用着的。所以在马思聪先生百年之际，借助"关联视角"，基于平时的资料积累，对于他的研究，提供一些解读，仅一家之言，希望多少算是个参考吧。

法国的留学岁月

通常对于马思聪在法国的留学岁月，有这样的论述：

1923 年冬（11 岁），马思聪与大哥一同抵达了巴黎。他们最初居住在巴黎南面的枫丹白露，并向一位女教师学习了两个月的小提琴。

半年之后,(12 岁)他们又住进了一位 70 多岁的法国人家中;在这里,马思聪从房东那里学会了说法文,并换到了第三位提琴老师。他的第四位提琴老师毕业于巴黎音乐学院。

在学习了半年的小提琴后,马思聪已经能够用小提琴奏出不少乐调。1925 年下半年(13 岁),马思聪考入了巴黎音乐学院十大分院之一的南锡音乐学院。

有不少朋友提出过疑问,13 岁的马思聪进入了法国的知名音乐学院,是因为其神童本色大放异彩,还是因为误传而有了不实之处?

让我们首先来了解一下南锡音乐学院(Conservatoire à Rayonnement Régional de Nancy)的情况。

南锡位于法国洛林大区的中心,是洛林大区的首府,同时也是默尔特－摩泽尔省的省会。距巴黎 350 公里,距欧洲议会所在地斯特拉斯堡 150 公里,现城市居民约 35 万人,是法国东部仅次于斯特拉斯堡的第二大城市。南锡是历史文化名城,欧洲金融中心之一,既具有悠久的历史,又同时拥有现代文明。这个城市因拥有地区歌剧、国家剧院芭蕾、国家戏剧中心、交响乐剧团、民族音乐学校、博物馆、电影院等而成为一个文化中心而闻名世界。

南锡音乐学院创建于 1882 年,创始人 Vollard,本来这是一所地方纯粹的地方音乐学院,但在建成两年之后的 1884 年,州政府与国家之间签署协议,把它成为巴黎国家高等音乐学院的一处分院。

法国音乐教育一共分为三个阶段,前两个阶段,是针对青少年的:

1. I Cycle(第一阶段):为期 3 ～ 4 年;针对 8 - 10 岁不同专业的学生。

2. II Cycle（第二阶段）：为期 3～4 年；较为专业的阶段，每一年升级都需要通过教授评审团的评估。

学生必须在预设课程中选择 4 到 5 门并且考试合格，才能获得学院颁发的国家级各个阶段的音乐证书。按照中国的学制来对比，这第一、第二阶段的学习，就像是我们现在的音乐学院附中。

由此看来，马思聪 13 岁进入南锡音乐学院是很按步就班的，不过他自己曾回忆："很不费力的便考入了高级"，这个高级到底是 I Cycle（第一阶段）的高年级，或者直接是指 II Cycle（第二阶段）倒是不得而知了。只是那个年代，远道而来的一位中国少年开始以小提琴学习踏入了南锡音乐学院的门，倒是颇为稀奇的一件事情。

对于那段学习，我们还常常见到另外一段论述：

> 在南锡音乐学院学习时期，马思聪最喜欢的一位教师名叫罗特。在 1926 年夏天（14 岁）大考的时候，马思聪演奏了帕格尼尼的《协奏曲》，获得了最优第二奖。不过，由于小提琴的学习不尽理想，马思聪结束了在南锡音乐学院的学习生活，于当年 8 月回到巴黎。

对于此段文字，稍谙小提琴演奏者都会有一个疑问，习琴一年半的马思聪真的能够演奏帕格尼尼的《协奏曲》吗？

公认帕格尼尼现存小提琴协奏曲 6 首，加上 1973 年才发现的第 0 号协奏曲也许可以算是有 7 首了。从技巧上来说，难度之大是尽人皆知而不争的事实。正是因为这 6 首协奏曲的难度，使得当今无数杰出小提琴演奏家们几乎终其一生地追求着，努力着，不断向作品的难度挑战，20 世纪的小提琴大师中，谢林、米尔斯坦、梅纽因乃至今天的帕尔曼、阿卡多等无一不以演奏录制帕格尼尼6首小提琴协奏曲为至高的荣耀。

我自己出生于提琴世家，听过无数小提琴大师成长的故事，从未听说过有学习一年半载就可以演奏帕格尼尼小提琴协奏曲的经历，也曾专门问过获得过帕格尼尼小提琴比赛金奖的吕思清与黄蒙拉，他们也表示不敢置信。而更令人不敢置信的是，在中山大学校史网站上[①]，赫然写着："在南锡音乐学院的一年半时间里，'马思聪就拉完了帕格尼尼的所有小提琴作品。'"

然而深究出处，这个说法看似是来自马思聪本人，他在1935年的《良友》画报上，刊出了一篇叫做《童年追想曲》的文章，里面用鲜活的笔调，描述了他在法国时的很多故事，他写到："大考到了，我弹 Paganini Concerto，这是一大厅人演奏，许多人说第一次演奏会慌到脚也立不住，我可没有这样的感觉，大考的结果我得了最优第二奖……。"于是这就成了马思聪拉帕格尼尼的证据。但是如果我们仔细看一下上下文，就会发现端倪，上文中马思聪写到："我永远忘不了有一次在音乐院的预奏时，我司理着打三角（Triangle）……"，而下文中也写到"一大厅人演奏"。

所以，我的解读是：马思聪参加的第一次大考音乐会，他是乐队成员之一，打的是三角铁，曲目是 Paganini 的某首协奏曲，因为他自己的主修专业是小提琴，所以后来我们就把它理解成为了马思聪14岁演奏这部作品了。

不久之后，马思聪来到了巴黎，他提到自己曾跟随过两位老师习琴，一位是巴黎歌剧院的 Paul Oberdoerffer，一位是巴黎高等音乐学院的 Boucherif 教授。我找到了一张1901年1月18日的音乐会海报，这是法国管风琴大师 Alphonse Mustel 在 Salle Erard 举办作品音乐会，Salle Erard 是一栋建造于18世纪的古老建筑，历

---

① http://gjs.sysu.edu.cn/zsdxxs/mrzj/9674.htm

史悠久，紧邻巴黎著名的时尚腹地——Victoires‐Etienne Marcel 广场。Alphonse Mustel 邀请了三位音乐家合作演出，其中就有 Paul Oberdoerffer 先生，能够和 Mustel 合作，一定不会是等闲之辈，所以 Paul Oberdoerffer 在当时的巴黎应该是一把好手。而 Boucherif 教授的情况却一无所获，即使查找了巴黎高等音乐学院的员工手册，也未觅得踪迹。

1929 的归国演出

1929 年，17 岁的马思聪归国举办了机场演出，分别在香港、广州、南京和上海。据记载，南京的演出先后在南京市政府、励志社之国庆游艺大会以及中国国民党中央广播电台进行。市政府与广播电台自然不需要多解释，励志社又是一个什么机构呢？

1929 年的 1 月 1 日，国民党"黄埔同学会励志社"在南京成立，蒋介石亲自担任社长。事实上他成立这个组织的最大目的，是希望把参加国民革命的军队在北伐成功之后，以保持早年黄埔军校成立时的那种"革命精神"为幌子，而变成为维护蒋介石个人专制统治的军队。蒋介石为"励志社"的成员，制定了一句格言："立人立己，革命革心。"还颁布了十条戒律，要所有的社员一体遵行："一、不贪财，二、不怕死，三、不招摇，四、不骄傲，五、不偷懒，六、不嫖赌，七、不吸烟，八、不饮酒，九、不借钱，十、不说谎。"蒋介石原先想把"励志社"办成像早年孙中山成立中华革命党秘密结社时那样的组织，所以他把"励志社"入社的仪式弄得很形式主义，要入社的人，都要在蒋介石面前宣誓，誓言恪遵十大戒律。"励志社"早期是蒋介石让军官和军校学生"养志"的地方，他口口声声希望把"励志社"变成一个能端正军中风气的场所。

然而，在宋美龄和孔家的操控下，"励志社"却变成了一个基督教色彩极浓的场所。"励志社"的总干事黄仁霖就是宋美龄的嫡系，黄的岳父余日章是一位牧师，在宋美龄嫁给蒋介石时，曾经主持婚礼。黄仁霖的回忆录中写道："就在那一晚，我搭火车到南京，我有少数几位朋友，以前是青年会的干事，现在孔（祥熙）博士的部里工作，他们立即把我带进去晋见部长，如我所料，孔博士很高兴地接见了我。我告诉了他，我的一些遭遇，他很诚恳地告诉我说：'仁霖，我想青年会的工作范围，不足以供你去发展你的才干，我要告诉你一个新的机会，在那里，你有极庞大的领域可以发展，蒋总司令要创办一种运动，名叫励志社（英文简称 OMEA 即军官道德励进会）。这是总司令的一个观念，因为在军事作战中，征服一些城市和省份并不难，但要改变人心，却很不容易。他想要发起一个运动，以此来改变他的军官和学生们的心理和行为。'孔博士说，总司令正要他找一个人到军营里推动这个运动。他说：'我想，你做这个工作非常适宜，而且你可以完全无拘束地放手去做这项工作，而且发展前途无可限量。'"黄仁霖曾经在基督教青年会工作，本身也是基督教徒，所以对蒋介石提出的那些和基督教的一些清规戒律相似的规矩，履行起来并没有很大的困难。又因为要为蒋、宋两人备办种种私事，所以黄仁霖就拥有权力，可以直接进出蒋介石官邸，而不用像一般官员晋见蒋、宋还得通过侍卫人员，更不必约定时间。在宋美龄的充分掌握下，"励志社"风光了好一阵子，一直到抗战时，"励志社"更是进入了"全盛时期"。1949 年国民党撤退至台湾，"励志社"这个机构改组为国民党军"联勤总司令部"，黄仁霖还任总司令，领二级上将军衔。

1929 年的"双十节"，是励志社成立后的第一次"国庆"，而宋家与孔家又是很欧美派的人，邀请马思聪这样的留学提琴"神童"演奏，自然在情理之中。

至于上海的演出又有所不同，它在音乐史上更具有开创性的意义。1929 年 12 月 22 日下午，马思聪与上海工部局乐团合作演出，曲目是莫扎特的《降 E 大调小提琴协奏曲》。莫扎特为小提琴和乐队而作的协奏曲，有编号的为 5 首，另有未编号的 3 首，因亲笔谱已散佚，这 3 首作曲年代均不详，所以争论真伪至今也未曾停止过。《降 E 大调协奏曲》，K268，也被称为第六号。

单就小提琴演奏技术程度而言，这是一首入门级的协奏曲，但在当时，学琴六年的马思聪，能够在工部局这个远东第一乐队的协奏之下，完整地演绎了乐曲，还是引起了广泛关注，尤其是以严谨著称的梅百器最终能够同意这次合作，答应给这位巴黎国立音乐学院的小提琴学生一次机会，更让人对其中的故事好奇不已。马思聪作为第一位与工部局乐队合作的华人独奏家，载入了史册。

细看这一场演出的节目单，我们还是可以得出不少线索。该场演出是工部局交响乐团 1929 到 1930 演出季的第 11 场，上半场曲目是格鲁克的一首歌剧序曲，Franz Schreker（1878～1934）的一首组曲《舞蹈比赛》，Franz Schreker 是一位奥地利作曲家，时任柏林音乐学院的院长，不难看出此时工部局乐队的曲目与欧洲的接轨程度。

下半场有两首作品，莫扎特的小提琴协奏曲与柴可夫斯基的《悲怆》，《悲怆》的演奏时长近 50 分钟，通常下半场仅这一首曲目已经足够压得住，而莫扎特的小提琴协奏曲也有 20 多分钟，这样一个半场的演出就几乎达到了 75 分钟以上，这么不符合逻辑的节目单只有一种解释：梅百器在演出季前，就已经排好了所有场次的曲目，这大约是在 1929 年的夏季，而此时马思聪还完全没有去上海演出的计划，而当他联系到梅百器时，原本排定的曲目已经对外公布无法修改，于是最终梅百器在下半场的开场加上了这首莫扎特的作品，下半场的曲目时间自然也就大大超过了常规。至于是谁向梅百器推荐了年轻的马思聪，这又是一个存疑的话题了。

114

重庆中华交响乐团的建立

说起中华交响乐团的成立，又要从励志社说起。1938 年前后，励志社就扮演着蒋介石官邸"大内总管"的角色，"从官邸的庶务工作开始，后来逐渐扩大到文化娱乐工作。如蒋、宋要看电影即由励志社派电影放映队去。蒋、宋外出拍摄的照片和电影，都由励志社派人操办，别的单位是插不上手的。蒋、宋的油画肖像，也由励志社美术股的人负责画制；另外，蒋、宋两人平常的吃食，固然由官邸厨房供应，可是，若遇两人要宴客时，就由励志社的中西餐部负责包办宴客所需的一切饮食，宴会场合则由励志社的戏剧股、音乐股来负责"①。励志社的音乐股是由施鼎莹负责分管的，他本人也算是半个音乐家，黑管吹奏得很有水准。通过他的上下活动，"中国电影制片厂乐队"的大部分骨干乐师都被他高薪请去加盟励志社乐队。江定仙、王人艺、刘惠佐等都被招至旗下。

在汉口短暂演出之后，由于日军逼进，政府迁往重庆。励志社乐队在撤退过程中，途经常德、长沙、沅陵、芷江、贵阳，走一路，演一路，直到 1939 年 2 月到达重庆。

初到重庆，每天都使人提心吊胆，因为日军对重庆的轰炸从 1939 年 1 月开始升级，特别是在 5 月，日本飞机两次集中轰炸重庆。三十六架日机侵入重庆，沿长江北岸呼啸俯冲，狂掷燃烧弹和炸弹，人口稠密、工商业繁荣的重庆市区顿时陷入烈焰浓烟之中。中国空军奋力迎击，但终因飞机少、实力弱，损失严重。危难之时，苏联人民伸出了友谊之手，分批派出了自己的优秀儿女

---

① 《蒋介石的内廷供奉机构——"励志社"内幕》侯鸣皋著，南京出版社，1989.6.

——苏联空军志愿队，驾驶飞机来到中国，参加中国人民的抗日战争。1939 年 5 月，苏联飞行员库里申科即受苏联人民的委托，率远程轰炸机志愿队来到中国。库里申科是乌克兰人，优秀的共产党员，空军少校；被人称为"老虎"，又称"张飞"。他的另一位战友名叫考兹洛夫，他们两人分别率领的两个飞行大队，驾驶的都是装备先进的"长莎"远程轰炸机。因此，励志社频繁的组织慰问苏联空军志愿大队和他们培训的中国空军官兵的演出。

1940 年初，重庆作为陪都的地位已基本确认，施鼎莹为了进一步扩充乐队，利用励志社的特殊位置四处网罗音乐人才，他调来了正在广西省音乐干部训练班任职的吴伯超和他培训的乐队，又从重庆中央电台乐队高薪聘来了小提琴手黎国荃①。2 月，正好马思聪带着妻子和不满周岁的女儿从云南逃难来到重庆，也加入了乐队，被施鼎莹聘为指挥。这样的乐队阵容，真可以称的上是人才济济了，加盟的音乐家们都以为可以大显身手，好好做出一份事业了，谁知道不久便与励志社的总干事黄仁霖发生了摩擦。

黄仁霖当时身兼包括励志社、后方勤务部伤兵慰问组、军事委员会战地服务团等数个蒋介石内务部门的负责人，实际上就是内务总管。而他又是宋美龄钦点、孔祥熙直接提拔的干部，所以，他也将服务好蒋、宋、孔三大家族的各项事务，当成己任。那时的重庆，已经成为全国的政治军事中心，而三大家族自然是事务繁忙，应酬颇多。黄仁霖就不停地让励志社的乐队去演奏伴宴音乐，伴宴不同于正规演出，你在台上演奏，台下的人照样吃

---

① 黎国荃（1914 年～1966）年轻时是国内知名的小提琴家之一，后任中华交响乐团的指挥。四十年代初在国统区参加进步音乐活动。后在陶行知主办的育才学校音乐组任教。建国后任中央歌剧舞剧院首席指挥，先后指挥演出了中、外大型歌剧《白毛女》、《赤叶河》、《草原之歌》、《刘胡兰》、《茶花女》、《蝴蝶夫人》和舞剧《宝莲灯》、《红色娘子军》、《天鹅湖》、《海侠》等。1964 年任音乐舞蹈史诗《东方红》指挥组组长。曾先后赴苏、波等国访问演出。他的指挥具有内在的真挚情感，处理细腻而准确，善于发挥不同乐队的水平与潜力。

喝不误，喧哗声音不断，开始时乐师们尽管觉得自己不被尊重，但看到台下是蒋介石等军政大员，难得一、两次倒也还能够忍受，但后来发展到几乎隔天就有这样的伴宴。而且宋家、孔家的宴会，他们也被派去演奏，几周下来，不少演奏员认为这无异于酒吧间洋琴鬼干的活儿，简直是"斯文扫地"，深受侮辱。统一意见后，大家集体向黄仁霖提出了辞职意向。这下施鼎莹着急了，忙着拖住吴伯超一起从中斡旋，施鼎莹表示理解乐手们的感受，但国难当头，还是希望乐手们能够委曲求全地坚持下去，因为这也是为国家工作，报酬还可以再商量。吴伯超提出一个让步方案，原则上不要安排乐队伴宴，但是如果是蒋介石的亲自宴请，还是可以通融。但最终这个方案没有得到大多数乐队成员的认同，1940年3月，励志社乐队的大部分乐手辞职。

离开励志社之后，一众同仁都觉得这样一批音乐人能够聚在一起着实不容易，如果让乐队就这么散了，实在是不甘心。于是纷纷活动，希望能够另立门户。马思聪找到了广东同乡、立法院长孙科①的秘书司徒德，在司徒德的努力下，一起说服了孙科，组建中华交响乐团。乐团初建，拿不到政府编制，所以只有自筹经费，一切都由孙科出面，司徒德张罗。孙科组建理事会，自任理事长，聘请孔祥熙担任名誉理事长，还有二十多位名誉理事，由宋氏三姐妹、陈立夫、陈果夫、何应钦、张治中、朱家骅、顾毓秀等组成；还有的是因为向乐团提供了乐器的，也名列名誉理

---

① 孙科（1891～1973）字哲生。孙中山之子。1895年随祖母移居美国檀香山。1916年毕业于哥伦比亚大学研究院。1921年任广州市市长。1922年10月被指定为国民党临时中央执行委员会委员，负责起草党纲章程。1927年3月任中国国民党中央常务委员、武汉国民政府常务委员等职。"九·一八"事变后，他任南京政府行政院长，1932年冬出任立法院长，1946年1月，代表国民党参加政治协商会议，同中共代表等共同通过五项协议。1947年4月任南京国民政府副主席。1948年5月再次任立法院院长。1948年11月，在国民政府全面崩溃前夕，出任行政院院长。1949年初，把行政院迁到广州。同年3月辞职，旅居香港、法国、美国等地，1973年病逝于台北。

事，其中有江西省政府主席熊式辉，居然也还有励志社的黄仁霖。因为一些乐师离开励志社乐队时，并未归还乐器，而现在由孙科开口借用，黄仁霖自是不便拒绝，也算做个顺水人情吧，倒是由于上层的客气相处，日后一些联合大型演出，大家互相借人，也就顺理成章了。

乐队成立的一个理由，便是要为支持中国抗战的外国人士服务，所以最终孙科从中苏友好协会、中美友好协会及国民党军事委员会的一些部门中，争取到了一些拨款。乐队所用的乐谱，则通过中苏友好协会的沟通，直接由苏联赠送。中华交响乐团 5 月正式筹备，司徒德兼任总干事，负责团务日常工作，1940 年 6 月 6 日，建团首演在重庆嘉陵宾馆举行。至此，中国音乐家组成的第一支符合双管编制规范的交响乐队在位于现重庆中区江家巷成立，马思聪担任指挥，负责业务排练，王人艺在上海工部局乐团参加过工作，最具乐队经验，所以聘请他担任乐队首席。平时马思聪多担任指挥工作，也有时，他也登台独奏，乐队就由王人艺指挥，那一年，马思聪与王人艺均二十八岁。其中较为重要的演出有：

1940 年 7 月 7 日晚中央公园"七·七"纪念民众音乐大会，马思聪独奏。

1940 年 8 月 13 日晚中央公园"八·一三"纪念民众音乐大会招待空军将士，马思聪独奏。

1941 年 5 月 7、8 日晚，中华交响乐团成立周年纪念及为响应劝募战时公债举行音乐舞蹈大会，马思聪独奏、戴爱莲舞蹈。

1941 年夏，马思聪与司徒德合作出现裂痕，离开重庆赴香港发展。尽管最后朋友分道扬镳，但如果没有马思聪与司徒德，就不会有中华交响乐团，所以，把他们两人称为中国交响乐队的创始人，并不为过。

（上海音乐学院）

马思聪钢琴作品研究

蒲　方

众所周知，马思聪先生是我国 20 世纪出色的小提琴演奏家，同时还是杰出的作曲家。他的作品除了为这个世纪奉献出一批杰出的小提琴作品外，还广泛涉及如管弦乐、歌剧、舞剧、大合唱、艺术歌曲等各个领域，随着《马思聪全集》的出版，我们发现钢琴创作也是他音乐创作表现非常突出的一个领域。这部分作品目前虽没有在社会上广泛流传，但从其创作技术的成熟及艺术魅力的凸显，都不容忽视。

一、马思聪的钢琴学习及教学

马思聪先生最先接触和学习的西洋乐器是键盘乐器——风琴①。他在《童年追想曲》一文中回忆道："我七岁②时听堂嫂嫂在风琴上弹中国调；不久我自己也学晓了，母亲就买了一架风琴给我。记得我那时手细，不能效堂嫂嫂以八度音和奏，我就以三度音代之，现在想起来，这倒比较合于和声呢。"而到了 1923 年 11 岁时才见到小提琴③，因此后来他随兄赴法学习小提琴时，已

---

① 《童年追想曲》，选自《居高声自远》（马思聪，编选者：马之庸）百花文艺出版社，2000 年，P1。

② 即 1919 年。

③ 《童年追想曲》（百花文艺出版社，2000 年）中记述："民国十二年（1923 年），大哥由法国回来，带回一个提琴，这是我第一次看见的提琴。"P5。

经通过学习风琴不仅掌握键盘演奏的基本技巧，同时也对西方乐理的基本知识有所了解。

到法国之后便开始了钢琴学习，并一直伴随其小提琴学习而未间断过。例如在南锡音乐院学习时期①，以及跟随奥别多菲尔（Oberdoerffer）先生学习小提琴的时候，特别是"Oberdoerffer 夫人是我的钢琴教师，她也是颇好的钢琴家，且是第一流教师"②。1926 年在随奥别多菲尔学琴半年后，他因颈部患病必须停止练习小提琴，医生建议他到 Breck 海滨③医治，"因为弹不得提琴，我就专工于钢琴，我到一位先生处上课。……我在 Breck 一共住了九个月，虽然提琴是毫无进境，但在另一方面看，我自觉是颇有所得的"④。

另外，上世纪 30、40 年代马先生在音乐教学生涯中，小提琴演奏、钢琴演奏和视唱练耳这三门是占有绝对突出地位的，其夫人王慕理就是他 1932 年在私立广州音乐院时期的学生，继而还有马思琚等。马思琚老师不仅是中央音乐学院附中重要的大提琴教授，同时也是贡献突出的钢琴教授。

从马思聪先生后来创作的钢琴作品、带有钢琴的重奏作品，以及为其小提琴作品而配写的钢琴伴奏来看，马思聪的钢琴程度应该相当不错。或许可以这样来比喻：他的钢琴演奏水平与他的小提琴演奏技术相持平。

---

① 《马思聪年谱》（张静蔚编著，新华音像中心出版，2002 年）："1925 年下半年考入南锡音乐院，……计有每周提琴课在学校上二学时……钢琴二学时。"P4。
② 《童年追想曲》，选自《居高声自远》（马思聪，编选者：马之庸）百花文艺出版社，2000 年，P5。
③ 贝尔克（Berck）：位于法国北部加莱的海滨。
④ 《童年追想曲》，选自《居高声自远》（马思聪，编选者：马之庸）百花文艺出版社，2000 年，P6。

马思聪钢琴创作概况

马思聪的钢琴创作略晚于他的提琴作品，开始于 1939 年，数量也较之略显稀疏。根据 2002 年《马思聪年谱》① 中的 "马思聪音乐创作编号作品目录"（附录 A）及 "马思聪音乐创作未编号作品目录"（附录 B），以及 2007 年出版的《马思聪全集》第六卷编辑的。大致梳理为：

创作年代	曲 名	晚年作品号	1959 年作品号	1948 年作品号	备 考
1939	《降 b 小调钢琴奏鸣曲》*		11	11	1948 年改为《月光奏鸣曲》，1954 年出版
1945	《钢琴组曲》（幻想曲、秧歌、夜曲、平原走马）			23	未见乐谱
1950	《三首舞曲》（鼓舞、杯舞）*	24	24		1951 年 5 月出版
	（巾舞）*				1951 年 7 月出版
1952～53	《粤曲三首》（羽衣舞、走马、狮子滚球）*	32	27		1954 年出版
1956	《小奏鸣曲》（一、二、三）*		37		1958 年出版
	《小奏鸣曲》（四）*		38		1964 出版②
	《小奏鸣曲》（五、六）				未见乐谱
	《小奏鸣曲》（七、八）		39		未见乐谱
	钢琴小曲		40		未见乐谱
不详	小曲三首（驼铃、黄昏、小骑兵）*	未见编号			1961 年《音乐创作》发表
1964	《赋格》*	未见编号			手稿
1983	协奏曲（A 大调）	60			未见乐谱

（带 * 号的作品均见于《马思聪全集》③ 第六卷）

---

① 《马思聪年谱》（张静蔚编著），新华音像中心出版，2002 年。

② 《第四小奏鸣曲》（马思聪曲，音乐创作编辑部编），《音乐创作》活页之 11，音乐出版社，1964 年 4 月。

③ 《马思聪全集》（《马思聪全集》编委会编辑），中央音乐学院出版社，2007。

从这个表中可以看到从 1949 年后到 1966 年 "文革" 爆发这段时间内的钢琴创作很丰富，这些作品大部分都在他担任中央音乐学院院长期间创作的，其中包括《汉舞三首》（1950 年），《粤曲三首》（1952～53 年），《小奏鸣曲八首》（1956～64 年），《小曲三首》（1961 年）、《赋格》（1964 年 10 月）等 6 部 19 首作品，其中 5 部 13 首乐曲都得到了正式出版。说明虽然今天的人们对这些作品或许已经不熟悉了，但在当时这些作品还是拥有一定的流传时间及范围的。

《降 b 小调第一钢琴奏鸣曲》是现今唯一能见到的 1949 年前的作品，也是马思聪从事音乐创作之初的作品，40 年代马先生自己曾多次演出过。但 1949 年后也许忙于院务，也许主要精力放在小提琴教学上，对外演出没像之前那么频繁，因此其钢琴作品的影响力也未能形成气候。去美国后的那部钢琴协奏曲作品，只见作品号未见乐谱。

2007 年编辑《马思聪全集》将大陆及台湾两地出版过的钢琴作品做了互相校勘，在 "全集" 的第六卷刊出了《降 b 小调第一钢琴奏鸣曲》、《三首舞曲》、《粤曲三首》、《小奏鸣曲第 1～4》、《小曲三首》、《赋格》等七部乐谱，并在 "全集" 的音响中录制了《降 b 小调第一钢琴奏鸣曲》（补遗卷，邹翔演奏），《三首舞曲》、《粤曲三首》、《第四小奏鸣曲》及《小曲三首》（以上均为陈敏演奏）的音响，至此最大规模地呈现了马先生钢琴创作。

"八首小奏鸣曲" 作于 1956 年，但只有《第 1、2、3 小奏鸣曲》合编为作品 37 号和《第 4 小奏鸣曲》由音乐出版社出版，其间相隔六年（1958 和 1964）之久，第 5－8 号再没出版过。据说这套作品主要是为儿子马如龙（当时 10 岁）学琴而作，不管这是否是事实，其教学目的还是很明确的。另一套作品《小曲三首》估计也有这种用途。《赋格》是一首根据马思聪夫人王慕理邮寄给苏夏教授的马先生手稿整理出来的，手稿上注明创作日期为"1964 年 10 月 27 日 Stafford House#1219"",其中"Stafford House#1219"具体含义不详。

通过这些资料的揭示,马思聪起初对于钢琴创作艺术性的追求,《降 b 小调第一钢琴奏鸣曲》、《三首舞曲》和《粤曲三首》三部作品的出现基本奠定其钢琴创作的总体风格,但到了 50 年代末、60 年代初其创作逐步转向小型化、教材性的作品,实用目的凸显,如 8 首小奏鸣曲及《小曲三首》等,究其原因也许早期作品艺术性较高,音乐内涵及技巧的丰富,曲高和寡,得到演出的机会少,且很难吸收到当时比较常有的钢琴教材中,因此弃繁从简,创作了后期这些作品。

三、《第一钢琴奏鸣曲》、《三首舞曲》和 《粤曲三首》的简要分析

《降 b 小调第一钢琴奏鸣曲》、《三首舞曲》和《粤曲三首》是奠定其钢琴创作总体风格的代表之作,关于这几部钢琴作品的创作过程,在目前能看到的资料中介绍的相对多一些。故在此另辟一段单做介绍和分析。

(一)《降 b 小调第一钢琴奏鸣曲》

写于 1939 年,是马思聪先生随中山大学迁往昆明澄江(今玉溪抚仙湖一带)时创作的。1937 年抗战爆发后,马思聪"从南京回到广州,国立中山大学校长邹鲁,破格聘马思聪为文学院英国语言文学系教授,陆续教授音乐史、乐理、和声学、弦乐、钢琴、合唱、提琴指导等多门课程……1938 年 10 月 21 日,日寇占领广州。当夜,中山大学在枪林弹雨中迁离广州,历经艰难险阻,几易校址,最后迁到云南省昆明市南部一个小县澄江县办学。马思聪因其妻怀孕在身,故夫妇到香港小住,长女马碧雪在

香港出生后不久，马思聪便携半岁的女儿，经安南（今道南）河内，到云南澄江中山大学所在地。……马思聪赶到云南澄江，中山大学已正式复课了。由于1938年秋中山大学成立了师范学院，马思聪便成了师范学院的音乐教授"①。

另外，也就在1939年1月底长女马碧雪出生前两天，父亲马育航在上海被人暗杀，这一切的变故，这种喜忧参半的境遇，使得整部作品在青春浪漫的气息中蒙上了淡淡的忧伤，预示着这位年仅27岁的音乐家后来持续多年战时漂泊生活的开始。

这部作品区别于一般的无标题奏鸣曲，全曲只有两个乐章。第一乐章是抒情的《夜曲》，第二乐章是带有动力性的《叙事曲》。这部作品的主题则来源于他第一部创作实践《古词七首》。正因为如此，这部作品主题旋律异常优美动人，富于歌唱性，同时还充满着青春的活力和激情。这种抒情的特色使得后来这部作品名称也变成了"月光奏鸣曲"②，1949年前马先生曾多次演奏过这部作品，并想将这部作品献给他的恩师——奥别多菲尔先生。③

第一乐章：夜曲

结构	呈示部		展开部	再现部
	主部	副部	分两个层次展开	只再现主部，结束部
小节数	1～34	35～64	65～72 73～106	107～145 145～173
调式	降b小调	D大调游移	从降b小调开始	降b小调
特征	抒情、歌唱性	激昂动力感	主部主题的变奏	

① 《中山大学校史·名师·马思聪教授》（中山大学校史研究专家黄义祥研究员）：http://gis.sysu.edu.cn/zsdxxs/ms/10162-htm.
② 《马思聪创作总表》，《求是》，1948年第10期。
③ 《童年追想曲》，选自《居高声自远》（马思聪，编选者：马之庸）百花文艺出版社，2000年，P7。

《古词七首》创作于 1929 年，是 17 岁的马思聪涉猎音乐创作的第一部作品，是他回中国后写作的。在《创作之路》一文中他这样写道："在这里我开始摸着作曲的技巧和格调。……中国古词的意境，也帮助我去创造一种气氛，我企图像 Debussy 的《毕里底士的歌》描画出古希腊一样，描画古代的中国．歌的旋律与钢琴打成一片，不分伴奏与独唱，钢琴精密地描着歌词的意境，可说是一步紧贴着一步地跟着，我是想效法 Mussorgski 的写实的手法。"①

事实上，在这个钢琴作品第一乐章的主部主题中，可以明显听出德国艺术歌曲式的旋律和氛围。这个主题旋律是由向下五度的大跳音程和向上的半音级进构成，乐句之间没有明显的停顿，左手和弦通过和声上不断变化，呈现出难以平静的情感波动，音乐在舒缓的节奏中流露出丝丝忧伤，宛如一首细腻的情歌。

谱例 1　第一乐章主部主题（1～13 小节）：

---

① 《童年追想曲》，选自《居高声自远》（马思聪，编选者：马之庸）百花文艺出版社，2000 年，P17～18。

副部主题（谱例2）的音乐则是以向上的八度大跳音程为主，音乐特性从淡淡的忧伤中脱离出来，随着调性（D大调）的改变，整个音乐逐步走向光明。与主部主题构成了鲜明的对比。左手也模仿着右手的音高走势，一层层地推动着音乐的情绪。

谱例2　第一乐章副部主题（34～43小节）

接下来的展开部是一个以主部主题为主要素材的片段，因此浪漫的气质在这里再一次得到充分的展示；再现部也仅仅在原调再现了主部主题。从整体上来感觉"夜曲"的意蕴得到了充分的展示，而"奏鸣曲"对立统一的逻辑显得很不完整。这种失衡的现象恰恰表现出初为人父的马思聪（时年27岁）内心充满了青春的热情和浪漫，虽然年初丧父的忧愁总是缠结着，但在优美秀丽的抚仙湖山水陪衬下的那份恬静和舒缓，明丽和纯净，在这个作品中得到了较好的体现。马思聪先生的公子马如龙先生曾说："从第一乐章的'夜曲'和第二乐章的'叙事诗'就能感觉到在这个地带秋季的夜月里，天空明月照在河湖上的美景，真心纯诚的幸福情侣们在这优美的月色中，互相叙述着诗一样的心里话。"①

第二乐章：叙事诗

《叙事诗》所用的音乐素材总共两个，其中A是与第一乐章主部主题近似的歌唱性旋律，特别是那些下行四、五度大跳音程，经过马先生在节奏节拍上的改变，使之性格变为硬朗而乐观，充满了动力性。

谱例3　第二乐章　主题A

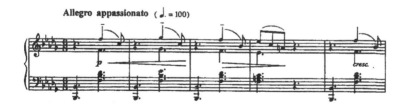

Allegro appassionato (♩ = 100)

---

① 《马如龙去世——马思聪家族最后一个伤感故事》（鲁大铮），《炎黄世界》2012年第2期

这一乐章中的第二个主题也如第一乐章一样，从第一主题的下行大跳改为上行级进走向跳进，从而表现出音乐的另一种性格，虽没有第一主题那样明确，但在逐步地发展中，形成坚定的风格。

谱例4　第二乐章　主题 b

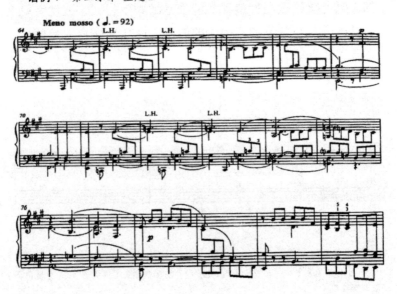

由此，更可以明显地看出 1939 年初的两件事成为创作这首奏鸣曲的重要依据，对妻女的温情和对父亲马育航①多年坚持民主、为国奋斗英雄行为的崇敬交织在一起。

《叙事诗》的整体布局是用 A、B 两个音乐主题进行不断变奏和循环变化构成的（如下图表）。其中第一大部分有点类似奏鸣曲式中的"呈示部"，第二大部分用 A、B 两个主题音乐进行变奏，类似"展开部"；而第三部分只再现 A 的音乐部分，又像一个缺少副部再现的"再现部"，由此可见，音乐中主题音乐构思的贯穿和两个主题的不同性格体现都使得作品具有奏鸣曲式的特点。这与第一乐章"夜曲"的构思布局非常接近，唯独就是变奏的成分似乎更为突出。

结构	一（127 小节）		二（185 小节）		三（77 小节）	
	A	B	A_1	B_1	A	Coda
小节数	1～18 18～46 47～63	64～104 105～127	128～144 144～169 170～209	210～246 246～313	315～376	377～391
调式	降 b 小调—A 大调		降 b 小调—降 D 大调 —A 大调		降 b 小调	
特征	动力性主题与歌颂性主题的对峙		保持第一部分的原则		再现	

这个奏鸣曲的乐谱虽然在 1954 年由音乐出版社正式出版，但却没留下当时演奏录音，这大概与其结构庞大、技巧丰富、乐意深邃有关。

---

① 马育航（1883～1939）字继犹，清末禀贡生，他一生为推翻帝制、建立民主共和的理想而奋斗不息。

（二）《三首舞曲》(《鼓舞》、《杯舞》、《巾舞》)

创作于 1950 年，其中《鼓舞》、《巾舞》于 1951 年 5 月及《林舞》于同年 7 月由上海万叶书店按单行本发行。此后台湾及大陆都分别组成组曲出版过，但曲名常被改为《汉舞三首》①。"汉舞"一词现被理解为"中国古代汉人舞蹈"的代称，古代诗文中常见对它的形容，但都没有明确所指。如宋·张炎②的《疏影·咏荷叶》中就有"回首当年汉舞，怕飞去漫皱，留仙裙折"的词句，这里"汉舞"仅指汉代舞姬赵飞燕掌中起舞之势。因此，《三首舞曲》实际并没有真实的舞蹈所指，是马思聪先生通过钢琴音乐描绘出他对中国古代舞蹈的想象。新中国建立之后，西北地区民间音乐（信天游、山曲、花儿、长调等）对全国影响很盛，对西北音乐一直很感兴趣的马思聪也许会在作品中掺杂进去自己对西北地区民间音乐的想法。例如他在对作品音响设计时曾说："我希望在《鼓舞》中能听到近似皮革乐器的音响；在《杯舞》中有清脆的声音；在《巾舞》中有丝绸那么柔软的质地感。"③

这套作品在马思聪钢琴作品也属于规模比较大、技法比较复杂的一套，是题献给香港钢琴家、钢琴教育家夏里柯而作。夏理柯（Harry Ore，1886～1972 年），立陶宛籍犹太人，毕业于俄国圣彼得堡音乐学院。他与马先生在上世纪抗战前就认识并成为挚友，曾演奏过马思聪《降 b 小调第一钢琴奏鸣曲》④。

三首作品的音响效果都很绮丽，而且大部分音响是通过特殊

---

① 如 1986 年台湾联经出版事业公司出版时就称为《汉舞三首》；又如 2007 年由任音童、巢志珏编辑、人民音乐出版社出版《中国钢琴作品选》（四）中的第九曲就是《汉舞三首》。

② 张炎（1248～1320?）字叔夏，号玉田，晚号乐笑翁。

③ 《论马思聪的器乐套曲音乐》（苏夏），《中央音乐学院学报》1985 年第 3 期。

④ 有关夏理柯的资料来自《概述广东钢琴音乐发展之路—中》（金莱），《钢琴艺术》2009 年第 9 期

的和声来表现的。马先生的组曲一般都具有三部性的特点，因此，这套组曲总体的风格结构与他的两部小提琴组曲（《绥远组曲》、《西藏音诗》）相类似，即第一乐章是动力性的，如《鼓舞》，就是一首托卡塔；第二乐章常常是抒情的，因此这几套组曲中的二乐章也是人们最为喜欢的，即《思乡曲》、《喇嘛寺庙》、《杯舞》；第三乐章又恢复动力性、舞蹈性的音乐，如《塞外舞曲》、《剑舞》和这套钢琴作品中的《巾舞》。

《鼓舞》是一首带变奏性质的"托卡塔"舞曲，具有三部性。

A	B	A′
主题 ＋ 变奏 I	b ＋ 变奏 II	变奏 III ＋ Coda
1 – 58	59 – 101	102 – 138

一开始的和声都是用四五度音程构成的、节奏较快的、好似鼓点的固定音响背景，而主题则是短小而坚定的鼓点，一种近似呐喊的声音，两者结合便形成一种的热烈而狂躁的气氛。如此强烈的色彩颇有点像现在的"安塞腰鼓"表演，在以往的钢琴作品以及马思聪的其他器乐作品中相对少见，看得出来马思聪想通过这样的探索改变以往的音乐形象和音乐风格。

谱例5　《鼓舞》主题（5～15）

　　《杯舞》是三首舞曲中比较抒情的一首，结构相对严谨，接近奏鸣曲式，"自始至终部贯串着优美的曲调"[1]，但和声上为了追求特殊的音响效果，采用了一些印象派的做法，如四五度叠置和弦、双调性和全音阶等，调性比较模糊，甚至副部副主题不回主调等。

呈示部		发展部		再现部		Coda
主部 + 副部		新材料 + 副部展开		主部 + 副部		
♯D 小	♯C 小	$\dfrac{G\ 羽}{G\ 大小}$	转调频繁	♯D 小	B 小	♯F 大调
1 – 31		32 – 59		60 – 80		81 – 110

　　《巾舞》是三首舞曲中结构最为长大的，是一首带有 12 个小段的回旋舞曲，全曲共用了 420 小节[2]。和声上更为复杂多变，主题旋律的调性兼有双调（A 大、a 小调式）特点，对比插部调性多变，即兴性特点突出。

	一（129 小节）		二（1 18 小节）			三（170 小节）	
小节数:	(1～70～111～129)		(130～164～185～228～248)			(249～289～350～383～405～420)	
段落:	a a¹ b	a²	c d	a³ d¹		a⁴ b¹ c¹ a⁵	coda
调性:	A 大/a 小		E 征/e 小			A 大/a 小	

---

① 《论马思聪的器乐套曲音乐》（苏夏），《中央音乐学院学报》1985 年第 3 期。
② 目前《马思聪全集》（第六卷）中的乐谱为 424 小节，50 年代的版本为 474 小节。

虽然主题 a 始终贯穿全曲，但还能感到三大部分相对独立。主题 a 共出现了 6 次，是构成第一部分和第三部分的主要素材，而插部旋律 d 主要在第二部分中体现，它的音乐性格比较柔美，与主题 a 那种灵跃的音乐构成对比。

谱例 6　《巾舞》主题 a（1～9）

谱例 7　《巾舞》插部旋律 d 片段（164～171）

另外，三首舞曲虽具有各自的风格特征，但毕竟在一部套曲结构之内，必须拥有三首乐曲共有的因素存在，例如《鼓舞》的主题音调在《杯舞》开始部分和《巾舞》的插部旋律 b 中变化再现这，从而使三首乐曲的音乐前后呼应。（见谱例 8）

谱例8 《鼓舞》主题

从整套组曲来看，马思聪坚持了他以往的风格和技术习惯，即用各种技术与五声调式结合，从而构成中国钢琴作品的性格。马思聪曾说："在创作上要求民族风格是对的，但不要因强调民族风格而给音乐语言一个局限。如何使创作既能保持民族风格，又能丰富音乐语言，是作曲家要注意的事。在五声音阶中放进十二个半音，有人认为是破坏了民族风格，但是不是真的破坏呢？我认为即使是有点破坏，也应该尝试去做。"① 作者当年的这一番大胆尝试，最终还是被认为是"形式主义"典型而被遗忘，没有得到应有的演出机会。

（三）《粤曲三首》

创作于1952～53年间，马思聪择选了三首"广东音乐"的音调，分别钢琴上进行演绎，1954年由上海新音乐出版社出版，是其进一步学习吸收民间音乐素材的重要实践。熟谙广东

---

① 《论马思聪的器乐套曲音乐》（苏夏），《中央音乐学院学报》1985年第3期。

134

音乐的黄锦培①先生曾著文《学习马思聪先生的钢琴独奏曲〈粤曲三首〉》②：

《羽衣舞》：旋律和节奏运用广东音乐的常见乐汇，这旋律不是广东音乐流来下来的乐曲原作，但细听起来，却是十分广东音乐化的，中间段又伴以模仿广东音乐扬琴常用的"坐音"竹法。

第二首《走马》是另一种形式．它是完整地把广东音乐传统曲《走马》写在高音部，而低音部只是作衬托式的音型进行，和弦用得不多，看来技巧性不太高深，适宜中级演奏水平使用。

第三首《狮子滚球》，基本上也是按照原作，只稍作变动，但比起原作，又丰富了一些。这又是另一种创作范例，中段加了一些变音，又作了变体发展，技巧也是不难的。

这套作品篇幅相对于前两部作品来讲略小了一些，但其技法繁复多变与前两首同出一辙。他创作的总体原则是较好地吸收原曲中的音乐元素，使其在后来的衍化中变得更有魅力，因此，这几首作品均带有明显的广东音乐特点，如广东音乐"冒头"等特殊音型，以及"扬琴"奏法构成的分解八度音型等。但在调性及和声上却完全是马思聪个性化的，色彩性占最大的份额。因此听起来这几首作品与前两部作品风格很接近。

此外，在《第一钢琴奏鸣曲》和《三首舞曲》中和声的色彩性变化演绎成为其钢琴音乐最主要的特征，线性因素、对位处理则较少体现。而在这套作品中，为了突出民间音乐中的线性发展思维，凸显复调技术的应用。如《羽衣舞》第9～14小节和第36～43小节中的支声对位手法。

---

① 黄锦培（1919～2009），著名的广东音乐演奏家、理论家，星海音乐学院民乐系原主任。

② 《学习马思聪先生的钢琴独奏曲（粤曲三首）》（黄锦培），《星海音乐学院学报》1989年第1期。

　　《走马》是广东音乐中的名曲，"又名《走马英雄》，节奏明快，旋律活泼，表现人们兴奋昂扬的情绪，有吕文成根据唢呐曲牌《大开门》改编之说"①。原谱中的旋律多为级进环绕式音型，因此马先生也用单声模进旋律来配合，这比用和弦色彩来渲染更为恰当，虽然整首作品只有40多小节，但显得非常精致。

谱例9　广东音乐《走马》原谱②

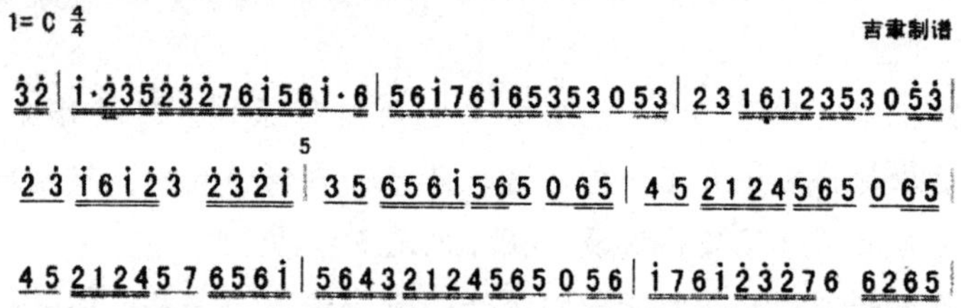

1＝C 4/4
吉律制谱

3 2 ｜ i·2 3 5 2 3 2 7 6 i 5 6 i·6 ｜ 5 6 i 7 6 i 6 5 3 5 3 0 5 3 ｜ 2 3 i 6 1 2 3 5 3 0 5 3 ｜

2 3 i 6 i 2 3 2 3 2 i ｜ ⁵ 3 5 6 5 6 i 5 6 5 0 6 5 ｜ 4 5 2 1 2 4 5 6 5 0 6 5 ｜

4 5 2 1 2 4 5 7 6 5 6 i ｜ 5 6 4 3 2 1 2 4 5 6 5 0 5 6 ｜ i 7 6 i 2 3 2 7 6 6 2 6 5 ｜

谱例10　《走马》（1～10小节）

① 《广东音乐十大名曲·走马》：http：//www.woriduc.com/biog2012.aspx？ bid = 3949507.

② 乐谱来源：http：//www.sooopu.com/html/81/81812.html.

　　为了保持原曲中的独有风格，利用原曲的特殊音型衍生出新的钢琴织体，不失为一种行之有效的创作模式。例如《狮子滚球》原本广东音乐演奏家、教育家丘鹤俦①的代表作之一，原素材中有很多模拟滚球的音型（如第 1～2 小节中的音阶级进）和玩球娱乐的情绪，马先生便利用这些要素将其用灵活多变的钢琴织体重新演绎出来，最终发展成一个 179 小节的中型作品。如此具象地表现音乐形象在马思聪的作品中还是不多见的，这种写法在 1961 年发表的《小曲三首》又得到再次体现，这一切都与要表现的艺术形象有关。也许是为了给儿童写曲的原因。

谱例 11　广东音乐《狮子滚球》原曲片段②

1＝G ²⁄₄
中速稍慢

丘鹤俦曲
吉聿制谱

0 1 2 3 4 5 0 1 2 3 4 5 0 5 6 i 2 3 | i 2 i 6 5 3 5 6 i 2 3 i 2 i 6 | 5 0 6 5 6 5 3 5 6 5 3 5 0 6 |

5 6 5 3 5 3 5 6 i·2 3 2 i 3 2 i 3 2 | i 3·2 i i 3·2 | i i 3·2 i 2 6 5 i 2 6 5 |

i 0 6 i 0 6 i 0 6 i 6 i 6 | i 3·2 i 2 3 2 i :‖ 0 1 2 3 4 5 0 1 2 3 4 5 0 5 6 i i 6 |

　　① 丘鹤俦（1880～1942），台山端芬镇那吕村人。广东音乐演奏家、作曲家、教育家。他创作的广东音乐作品有《娱乐升平》、《狮子滚球》、《双龙戏珠》、《声声慢》、《相见欢》等，这些乐曲流行甚广。

　　② 乐谱来源：http://www.sooopu.com/Jipu/info.asp? usrname = bfdn00044&id = 13561.

谱例 12　《狮子滚球》（1～11 小节）

《狮子滚球》中另外一种很突出的素材就是平行四度音程构成，虽然平行四度音程在马思聪的钢琴作品中屡见不鲜，但在这首作品中担任模拟民间打击乐音效的任务，到 76～90 小节这段，它不仅有锣鼓摩擦的声音，同时也融入印象派对色彩的幻想。

谱例 13　《狮子滚球》第 76～90 小节

总之，在这套作品中常常能感觉到马思聪个性创作思维服从于粤曲，在满足粤曲表现后稍稍加入一些个性因素的东西，使得整体音乐更突显广东音乐特点。这也是三部套曲中最受欢迎的作品。

四、马思聪钢琴创作的特点及历史地位

（一）马思聪钢琴作品的艺术特征

虽然没有对马思聪所有钢琴作品进行分析比对，但把握他作品的音乐特征还不是一件困难的事，特别是对于他这样一位对器乐音乐极为熟识的作曲家来讲。

首先，马思聪先生的钢琴作品是拥有娴熟钢琴语汇的成熟作品，无论是旋律的构成、织体的衔接、钢琴音域、音色的展现在同期创作中都是出类拔萃的。从此，也印证本文开始部分对其钢琴学习及后来从事钢琴教学的史实，在"文革"前国内音乐界拥有马先生如此精湛钢琴技巧的作曲家并不多，因此在那些年所产生的钢琴作品虽有优美而富民族意蕴的旋律、和声，但运用何种手段来在钢琴上展现总是显得捉襟见肘。而在马先生的作品中，常常让人感到一气呵成、信马由缰的演奏快感，而实际上马先生这些作品的技术都很难。特别是《三首舞曲》，这也是造成那些

年代无人敢问津的现实原因。通过游刃有余的钢琴技巧畅快淋漓地抒发对艺术的感悟，这一点上与他在小提琴上的创作同样明显。

其次，所有作品的结构看似自由，却有内敛有序。马思聪器乐作品常常表现出的结构是多段变奏、循环往复，在钢琴作品中也皆如此。造成这种情况的原因似乎来自于他的创作模式，其中即兴随意的游走更为突出。这一点通过其作品的织体变化就可以表现得淋漓尽致，织体的不断蜕变造成主要音乐元素的动摇变化，逐渐就生成了一个新的因素。这种包含即兴因素的变奏结构对于乐曲整体的一致性来讲非常有效，因此无论结构多么庞大，总有熟悉的因素将前后联系起来。在前面对主要几部作品的分析中，都可看到这种现象。

第三，在旋律与和声风格方面，带有五声性特点的音调，带有传统调式的旋律，带有印象派偏东方风格的和声语言，在他的钢琴作品中比比皆是，让人听后颇有目不暇接之感，我认为这是典型的多样性音乐语言。马思聪在他的《作曲家要有自己的个性和独特的风格》中这样写道：

"我们知道，文艺应该为人民服务，但是人民的审美需要是多方面的，那末艺术也应该像人民的现实生活那样丰富多采多种多样. 这可以在人民所创造的歌曲中看到。……我认为目前最严重的问题是创作上的公式化和千篇一律，这与音乐领域内所存在的一些清规戒律有关。……另外就是创作题材的窄狭和单调，我认为重大的事件应被反映，但是生活中不大的事件也应该反映，不能认为只有反映重大事件的创作才有意义，才有价值。总之，无论怎样，都不应该妨碍创作上的"百花齐放"这一原则。"①

----

① 《作曲家要有自己的个性和独特的风格》（马思聪），《人民音乐》1956 年第8 期。

140

马先生的个性就是不拘一格地创作，他的个性中既有中华民族悠久的文化思想，也有西方艺术音乐精湛的技术和思维，更有他对世界、对人生、对艺术独特的感悟能力，这些素质的综合才真正是他音乐的体现。

（二）马思聪钢琴作品的历史地位

中国钢琴音乐发展到今天大致有一百年的历史①了，其间历经我国西乐音乐教育体系的建立；西式音乐创作技术理论的学习及理解；钢琴演奏教学的逐步完善；全民对西式音乐风格接受和欣赏等诸多环节，从目前我国音乐创作状况来看，钢琴音乐从数量上和质量上都是佼佼者。百年音乐历程中，钢琴创作硕果累累，成绩斐然。

回顾历史我们也能发现：某些特殊曲式我们似乎总很难驾驭，例如钢琴奏鸣曲，这一在古典浪漫时代独领风骚的经典音乐结构，在中国钢琴创作的百年进程中不乏作曲家涉猎，如1946年丁善德创作的《E大调钢琴奏鸣曲》（op.2），这部作品是丁先生初涉音乐创作时期的习作，与其另一套钢琴组曲《春之旅》属于同一时期的作品，但在后来的流传中，《春之旅》屡见于音乐会及音响制品，而这首钢琴奏鸣曲则很少有人知道，直到80年代后才在他的作品集和《音乐创作》杂志上发表。江文也在上世纪四五十年代也有一些钢琴奏鸣曲创作，如1945年创作的《第三钢琴奏鸣曲·江南风光》和作于1949年的《第四钢琴奏鸣曲·狂欢日》（Op.54），虽然在民族风格方面有所探索，但从创作技术来讲仍显出不成熟的迹象。五六十年代有过留苏作曲家邹鲁的钢琴奏鸣曲《青春之诗》，这部在当时颇受好评的奏鸣曲却差强人意地很少得到演奏。80年代改革开放以来，音乐创作观念与

---

① 以赵元任1915年在《科学》杂志创刊号上发表《和平进行曲》来算。

技法的更新仍敦促着作曲家们应用这种经典的曲式进行创作，如储望华《第一钢琴奏鸣曲》、蒋祖馨《第一钢琴奏鸣曲》、崔文玉《第一钢琴奏鸣曲》等等，都得到当时人们的关注，但也都没有形成更深的影响。这些作品的出现是中国作曲家对"sonata"这种经典曲式结构学习的过程，从时间上来讲马思聪的《第一钢琴奏鸣曲》是现在能见到的钢琴奏鸣曲中的第一首，在奏鸣曲乐思呈现、发展，以及钢琴技巧运用上，也是最为成熟的一首，同时还是被演奏次数最多的一首。仅从这一点来看，马思聪钢琴作品在中国钢琴音乐创作中的位置绝不容忽视！

对于民族风格的体现，在中国钢琴音乐创作中始终是最为人瞩目的。从1934年的"征求有中国风味钢琴曲"的创作比赛之后，几乎所有的中国钢琴创作都不同程度地表现着这种追求。特别是在1949年后，大量的地方民间音乐及各民族音乐素材被挖掘整理出来，为探索民族音乐风格的创作带来了空前完美的条件，这一时期的中国钢琴创作基本都是努力通过各种音乐技术体现出这一风格，甚至当时评价作品的标准都与此相关。马思聪的《三首舞曲》、《粤曲三首》等这一时期的钢琴作品也是受这种思潮影响下的创作。当然《三首舞曲》更多地沿袭他三四十年代音乐创作总体风格来探索的。但毕竟钢琴与小提琴从器乐语言方面有着明显的不同，钢琴音乐中多声思维的份量要表现得更为突出，而优美的民歌旋律引用对于一首钢琴作品来讲未必是很能体现其语言特征的方式。马思聪先生的这些作品无论从深层民族精神体现，还是表层民族音调、民族风韵的体现都表现得非常突出，他的音乐很少直接引用民间素材的，这一点与他的小提琴作品完全不一样。即使改编粤曲时，对原民间音乐主题音调的使用也极为慎重。不仅如此，他还通过各种钢琴技巧深化这些音调，使它们表现得更活灵活现。这种深刻把握民族风韵的特质使得他的作品绝不会流于一般，跟随潮流，一定是凸显个性、融个人思想于其中的艺术语汇。这一点的到今天仍可成为音乐创作的重要提示。

马思聪的钢琴创作在他一生繁多的艺术作品中虽数量不多，但分量不轻。从创作技术层面来讲与其那些脍炙人口、流传甚广的小提琴作品完全可以媲美。应该说在创作构思、规模的方面要比小提琴作品更为深刻，更为宏大和完美。如果说马思聪小提琴作品是我国第一批优秀作品的话，那么他的钢琴创作也当之无愧。也许正是由于他这些作品的精深高奥，致使在过去的几十年间较少有人敢问津，但在我国钢琴演奏技术突飞猛进的今天，我相信会有更多的钢琴家关注到这些作品，马思聪先生钢琴音乐灿烂呈现的那天即将到来。

结　　语

马思聪的钢琴作品是我国钢琴音乐创作中的精品，是重要的音乐文献。马先生的个性音乐语言是整个中国近现代音乐发展中宝贵财富，是今天最值得重视的。他音乐中充满着热情、明朗、抒情、浪漫的特质，是他对人生、对世界、对艺术的崇高向往和赤诚追求，这一点或许是我们今天最应该强调的。

参考文献：

乐谱及录音：

《马思聪全集·第六卷（其它音乐作品）》，2007 年 11 月编，北京，中央音乐学院出版社。

《马思聪全集·补遗卷（音乐作品·图片）》，2009 年 12 月编，北京，中央音乐学院出版社。

《第四小奏鸣曲》（马思聪曲，音乐创作编辑部编），《音乐创作》活页之 11，音乐出版社，1964 年 4 月。

文字资料:

《马思聪创作总表》,《求是》, 1948 年第 10 期。

《童年追想曲》, 选自《居高声自远》(马思聪, 编选者: 马之庸) 百花文艺出版社, 2000 年。

《作曲家要有自己的个性和独特的风格》(马思聪),《人民音乐》1956 年第 8 期。

《论马思聪的器乐套曲音乐》(苏夏),《中央音乐学院学报》1985 年第 3 期。

《学习马思聪先生的钢琴独奏曲〈粤曲三首〉》(黄锦培),《星海音乐学院学报》1989 年第 1 期。

《马思聪年谱》(张静蔚编著), 新华音像中心出版, 2002 年。

《概述广东钢琴音乐发展之路 (中)》(金莱),《钢琴艺术》2009 年第 9 期。

《中山大学校史·名师·马思聪教授》(中山大学校史研究专家黄义祥研究员): http://gjs. sysu. edu. cn/zsdxxs/ms/10162. htm.《马如龙去世——马思聪家族最后一个伤感故事》(鲁大铮),《炎黄世界》2012 年第 2 期。

(中央音乐学院)

144

浴 火 重 生

——马思聪的大提琴协奏曲

卞祖善

关于作品的创作年代的种种说法

1. 2007 年，中央音乐学院出版社出版的《马思聪全集》第二卷 117 页的说明："1954 年创作，1956 年 8 月第一届音乐周上演。校订样本：音乐出版社 1958 年 4 月版。"

2. "……'大跃进'时期 1958 年创作的《A 大调大提琴协奏曲》……"（《马思聪全集》音乐作品录音文字说明第 6 页，环球音像公司录音，广州新时代音像公司 2007 年出版）。

3. "马思聪在完成其《第二交响曲》之后，接着进行了这部作品的写作，于 1960 年完成。"（同上，第 7 页）

4. "到了 1960 年，他完成一部《A 大调大提琴协奏曲》（作品第 44 号）……"（徐迟：《马思聪》，见《论马思聪》一书第 436 页，马思聪研究会编，人民音乐出版社 1997 年第一版）。

5. "五十年代马思聪的创作又出现了一个高潮，写出了……《A 大调大提琴协奏曲》（1960）等"（见梁茂春《香港作曲家——三十至九十年代》一书第 27 页，三联书店（香港）有限公司 1999 年出版）。

6. "从 1950 年到 1960 年的 10 年间，他又写出了从《欢喜组曲》到《A 大调大提琴协奏曲》等一系列大约 20 多个编号作品"（陈聆群：《普洛克路斯忒斯之床——与一个音乐家的历史命

145

运》，见《论马思聪》第 373 页）。

7. 2002 年，马思聪诞辰 90 周年纪念音乐会节目单："《A 大调大提琴协奏曲》（世界首演）创作于 1960 年。"

8. 据马思琚教授回忆这首大提琴协奏曲"肯定不是大跃进或随后的困难时期，好像是情况已经有些好转的时候，也许就是 1962 年（创作的）。"（见金毓镇《马思聪的大提琴协奏曲》一文，2009 年）

9. 马思聪"未编号作品"："大提琴协奏曲，钢琴伴奏，一九八零年"（见颜廷阶编著的《中国现代音乐家传略》第 252 页，台湾绿与美出版社 1992 年出版）。

10. "关于出版拙作，兹把我在这里写的目录列出如下：……大提琴及管弦乐：协奏曲……"（马思聪致苏夏函，见《论马思聪》第 413～414 页）。

针对第一种说法，大提琴演奏家金毓镇先生在其文中指出："这是一段用于《山林之歌》的介绍文字，张冠李戴错放到了这里。"

而第 3、4、5、6、7 种的提法似乎一致认为这部作品"于 1960 年完成"。但是缺乏作曲家本人提供的文字依据。因为现存的手抄钢琴谱（首页右端写有"1962.7"的字样）不是作曲家的手稿，但至少说明在此之前作曲家已经完成了这部作品的钢琴谱。

笔者曾向大提琴演奏家赵学廉先生了解过当年的一些相关情况，得知赵学廉作为黄源澧教授的高足，1963 年就读本科 3 年级时，曾在马思聪院长的亲自指导下，在学习演奏会上演奏过这部协奏曲的第一乐章（而非第二乐章），钢琴协奏：王耀玲。我们从马思聪先生对这部作品热切关注的心情来推测，它似乎完成于 1962 年前后，这或许比较接近其完成创作的原始时间。当然不能就此作出定论，尚有待专家从广州艺术博物院收藏的大宗马思聪

146

资料中寻找答案。

此外，上世纪60年代马思聪先生并未完成大提琴协奏曲的配器。直至20多年之后，即1984年3月，于光先生受马思琚教授之托，把她在"文革"中费尽心力保存、劫后余生的手抄钢琴谱带至美国面交给了马思聪先生（金毓镇先生在文章中叙述了这一段"充满传奇的故事"）。作曲家在完成了配器之后，亲自抄写了大提琴独奏分谱，并托人把总谱捎回北京。因此，马思聪先生才在1985年4月23日致苏夏先生的信中，把"大提琴及管弦乐：协奏曲"列入"我在这里写的目录"之中。这部浴火重生的协奏曲，终于踏上了它新的艺术征途。

马思聪大提琴协奏曲的历史地位

大提琴协奏曲这一体裁的开拓，在我国的起步较晚。

1951年，桑桐（1923～2011）创作的大提琴与管弦乐《幻想曲》，成为在这一领域里最初的尝试。约十年之后（1960），尚在上海音乐学院作曲系学习的王强（1935～ ）发表了她的大提琴协奏曲《嘎达梅林》，由吕其岭独奏，上海音乐学院乐队协奏，樊承武指挥首演获得成功。这是一部单乐章的标题协奏曲（约23分钟），至今仍是音乐会保留曲目和音乐学府采用的、为数不多的中国教材之一，并有两种录音制品流传：M-508M-33/1217（1962），吕其岭独奏，上海音乐学院乐队协奏，樊承武指挥；DL-0019.DL-82/0037-8（1982），高龙独奏，上海交响乐团协奏，曹鹏指挥。

马思聪于上世纪60年代完成的大提琴协奏曲（钢琴谱）是一部含3个乐章古典传统套曲形式的协奏曲，从这个角度来说，它是一部开山之作。此后，这一体裁的创作在沉默了20年之后，才呈现了生机勃勃的局面。

1982 年，瞿小松（1952～ ）创作了大提琴与管弦乐《山歌》，此总谱手稿现由上海音乐学院图书馆收藏。1986 年，瞿小松的《大提琴协奏曲》（两个乐章，约 20 分钟），由胡国尧独奏，中央乐团协奏，韩中杰指挥首演。

1984 年，许舒亚（1961～ ）创作的大提琴与管弦乐《索》（单乐章，约 15 分钟），由黄苏独奏，上海芭蕾舞团管弦乐队协奏，樊承武指挥首演。并于 1986 年由吴和坤独奏，中央乐团协奏，陈燮阳指挥录音。

张千一（1959～ ）于 1987～1988 年创作的《大提琴协奏曲》（单乐章，约 19 分钟），于 1988 年由胡国尧独奏，中央乐团协奏，胡炳旭指挥录音。

香港作曲家罗永晖（1949～ ）于 1994 年创作了大提琴与管弦乐《飞絮》。

陈其钢（1951～ ）于 1995～1996 年创作的大提琴与交响乐队《逝去的时光》（1998 年由作曲家改编为二胡版）闻名遐迩。

权吉浩（1954～ ）于 1998 年创作了大提琴与交响乐队《纹》。

郝维亚（1971～ ）1999 年创作的大提琴协奏曲《海的颂歌》（单乐章，16 分钟），于 2008 年由李莉独奏，中国青年交响乐团协奏，俞峰指挥录制了唱片（GCCD0810-2）。

谭盾（1957～ ）创作的多媒体大提琴协奏曲《地图》，于 2003 年 2 月在纽约卡内基音乐厅举行世界首演。

黄安伦（1949～ ）《F 大调大提琴协奏曲》（作品 72 号，三个乐章，全长 38 分钟），于 2010 年 2 月完成初稿，同年 5 月，在"黄安伦作品音乐会"上由张力科独奏（此曲即题献给他），郑州大学西亚斯学院交响乐团协奏，苏文星指挥首演。2010 年 8 月定稿，同年 12 月 24 日于厦门首演，独奏：张力科，厦门爱乐协奏，指挥郑小瑛。

这期间，大提琴协奏曲这一体裁，在我国大型民族管弦乐的创作中，亦相当活跃。

关廼忠（1939～　）的大提琴协奏曲《路》（三个乐章，约28分钟）作于1989～1990年，于1990年在香港首演，独奏：韩美敦，香港中乐团协奏，关廼忠指挥。于1993年由高雄市立国乐团协奏录制唱片（HUGO HRP772－2），独奏、指挥同前。关廼忠的《第二大提琴协奏曲》作于1997年。

赵季平（1945～　）创作的大提琴协奏曲《庄周梦》（单乐章，26分钟），由马友友独奏，香港中乐团协奏，阎惠昌指挥，于2008年在香港首演。

钟耀光（1956～　）创作的京胡、大提琴双协奏曲《霸王别姬》（单乐章，约17分钟），于2011年在台湾首演，京胡独奏：姜克美，大提琴独奏：安希卡图恩，台北市立国乐团协奏，钟耀光指挥。同年，钟耀光创作的大提琴协奏曲《蒙古幻想曲》（单乐章，约14分钟），麦斯基独奏，台北市立国乐团协奏，邵恩指挥首演。

2011年，唐建平（1955～　）创作的大提琴、马头琴双协奏曲《成吉思汗随想曲》（单乐章，18分钟），于同年在新加坡首演，独奏：秦立巍/那日苏，新加坡华乐团协奏，叶聪指挥。

在上述十几部大提琴协奏曲中，唯有黄安伦《F大调大提琴协奏曲》的规模可与马思聪的《大提琴协奏曲》相匹配，其余绝大部分均为单乐章的作品。而黄安伦大提琴协奏曲的问世，距马思聪创作同一体裁作品的年代，几乎相隔了近半个世纪之久。人们或许从这一现象中，感悟到把握古典协奏曲套曲的结构形式，绝非轻而易举之事。正因为如此，才越加凸显了马思聪大提琴协奏曲的开创意义，它作为中国大提琴协奏曲创作史的里程碑，其艺术价值随着时间的推移，必将越来越引起世人的重视与珍惜。

作品的艺术特征

全曲是一首抒情诗。浓郁的民族民间韵律，自始至终充满了歌唱性。非对称性结构的乐句，泛调性、多调式的旋律，展现了大提琴优美的音色。非传统功能和声，而是别具一格的马思聪和声功能结构。乐曲器乐化的思维，超越了作曲家早期音乐创作直接引用民歌的手法，表明作曲家在把握民族风格与创作技巧方面臻于成熟。作曲家虽然采用了标准的双管编制乐队，但整体呈室内乐风格——真正意义上的乐队全奏（Tutti）只有第一乐章最后一个和弦及第三乐章最后的两个小节而已。乐队音响透明，惜墨如金。各声部线条清晰，绝无堆砌臃肿之弊。从而避免了这一体裁通常所面临的最棘手的问题，即独奏大提琴的音响往往会被乐队淹没的那种尴尬。恰恰相反，独奏大提琴与乐队的平衡令人赞叹，生动地显示了这一乐器的灵活性。作品雄辩地表明作曲家的专业功底和创作技巧，使其在上世纪 60 年代初，在我国音乐创作领域里，无可争议地处于先锋领军的地位。

第一乐章，中速，奏鸣曲式。一开始，乐队声部的大提琴、低音提琴弱奏的起拍，仿佛是投入协奏曲土壤中的一粒种子，引入独奏大提琴开门见山的呈示部主部第一主题，这一短句有着鲜明的湖南民间音调的韵律，它又隐约地让人联想起一首云南哈尼族山歌——《我的情人比谁都美丽》，旋律建立在 a 羽调主七分解和弦之上，其后衍生成 A 宫调式，在明确 A 宫调主和弦之后，立即又回到了 a 羽调式，而最后两小节（带有下行半音阶）的补充乐句结束在鲜明的 a 羽调上。主部第一主题仿佛主人公在吟唱，兴之所至，怡然自得，其中有着些许忧郁，音乐具有鲜明的即兴风格。主部第二主题（第 15 小节起）音调颇为亢奋，在保留 a 羽调式的进行中，融入了全音阶的音调，旋律富于激情。5

小节之后，旋律开始分裂、伸展，第一主题开始的切分节奏型成为音乐不断衍化的动力，紧张度加剧，起伏跌宕，内在的戏剧性冲突，通过长达48小节独奏的宣泄，直接引出了长笛独奏的副部主题。清秀优美的副部主题建立在F徵调上，五声旋律亲切质朴而富于活力，呈示部的尾声（第84小节起）转入D大调，音乐豁然开朗，在短暂的清纯而温暖的乐句之后，心潮逐浪高，大提琴独奏的短句节奏愈来愈急促，二连音——三连音——四连音直至连续三小节高声部带六连音的八度进行，引出了本乐章乐队的第一次全奏（第102小节起）旋律为c羽调式，而和声为C宫调以及七连音的上行G大调利地安音阶，音乐狂躁而执拗，乐队力度首次达到ff。第108小节乐队全奏移高4度，旋律为f羽调，和声为F宫调，七连音音阶为c小调和声大音阶，第109小节旋律为降e羽调，和声为降E宫调与c羽调复合和弦。其后音乐逐渐减弱进入展开部，独奏大提琴c羽调主部主题增添了不安的二度叹息音调，并使其建立在降A大调的主七和弦之上。4小节之后移至f羽调，建立在相应的降D大调主七和弦之上，经过一系列的转调之后，大提琴独奏明快的、建立在主部主题动机之上的第一华彩乐段，引出乐队的第二次全奏，接着是再现部（第197小节起），再现部的主部主题与呈示部大同小异，而副部再现为D大调——B大调，在乐队的第三次全奏之后，大提琴独奏第二华彩长达50小节（31～367），通过各种调式音阶、半音阶、大、小分解和弦，二声部的对位以及连续六度和弦等进行，在副部主题的动机获得了充分的发挥之后，将华彩推向全曲的最高音（a^3）。

第一乐章的最后五小节，在独奏大提琴坚挺主音（A）的同时，乐队声部不停地变化着A大调与a小调的主和弦，而最终以A大调主和弦结束。但不可因此将其称之为《A大调大提琴协奏曲》，亦不可称之为《a小调大提琴协奏曲》，可称之为《A调大提琴协奏曲》。

第二乐章，小行板，复三部曲式。开始的主题优雅抒情，带有摇篮曲风格，音乐甜美安详。和声清淡流畅，以两小节为单位的 F 大调 $I - IV_7 - I_{11} - iii_7$ 的和声交替进行，营造了宁静透明的管弦乐的色彩，双簧管与独奏大提琴的对答及弦乐队的卡农乐句的亲切对话，引出了乐队吟唱主题，颇引人入胜。中段转入 A 大调后过度到 G 大调，独奏乐句转为激情的倾诉，音乐越来越忐忑不安，直至引吭高歌的顶点（第 56 小节起），圆号和弦乐声部 G 大调的主音与导音小九度——大七度反向进行的二度叹息音调，痛苦地呻吟着，并在大提琴声部延续了 19 个小节，其间中提琴声部近码演奏的震音（碎弓）惊恐不安，独奏大提琴（E 大调与乐队 e 小调并置）的旋律心潮澎湃，恍如经历了一场恶梦。其后，木管齐奏再现甜美的主题，独奏大提琴的扩充乐段，平行多调式的进行，与乐队中大提琴独奏的 8 小节二重奏（相隔八度的卡农旋律）娓娓动听，仿佛主人公在一次精神对话的安慰之中，心灵恢复了平静。乐章最后 15 个小节的主音持续音运用得十分巧妙而又恰到好处，音乐余音绕梁，耐人回味。

第三乐章，快板，自由回旋曲式。结构为：

段落	引子	a	连接句	b	连接句	a¹
小节	1～8	9～22	22～28	29～59	60～65	66～86
调性	a	a	E	E	$g^\#$，一系列离调	a

段落	c	a²	连接句	d	连接句
小节	87～174	174～199	199～208	209～230	230～233
调性	F	a	$c^\#$	$c^\#$	A，一系列离调

段落	d¹	d²	a³/c¹	c²	a⁴
小节	234～264	265～281	282～314	315～361	361～387
调性	a/A 二重调性	$c^\#$	B	C	a/A 二重调性

段落	a（原型）	连接句	b^1	a^5	c^3
小节	388～401	401～405	406～434	434～457	457～498
调性	a/A 二重调性	E－A	a	A	A

段落	d^3	尾声
小节	498～550	550～593
调性	$f^\#/F^\#$	a/A 二重调性

第三乐章充满民间节日的喜庆气氛。音乐轻快活泼，富于动力感。主题（a）轻巧明快，16分音符的进行带有无穷动的风格。$\frac{2}{4}$拍的快板贯穿始终，其中仅有一小节（383）为$\frac{3}{4}$拍。c段民间戏曲风的"紧拉慢唱"（87～174），主题a^3与c^1段的二重对位（"紧拉慢唱"，282～306）与c^2段27小节的钢琴琶音和弦，独奏大提琴"紧拉"双簧管"慢唱"，c^3段（457～498）的"紧拉慢唱"潇洒喜悦，不落俗套。小号独奏（179～195）、短笛独奏（434～441）和木管重奏（269～281）落笔生花，五色斑斓，情趣别致。而a^4段（361～387）及a段原型再现时（388～401）的二重调性以及d^3段（498～550）与尾声的二重调性，谐谑、幽默、泼辣的风格增添了乐曲的张力。第三乐章为独奏大提琴提供了更为丰富的语汇与手段。

金毓镇先生在其文中指出本乐章应用人工泛音的乐句（118～129及482～487）不很理想，"有点遗憾"；大提琴演奏家马雯按高八度演奏，音乐自然流畅，笔者认为无伤大雅。马思聪大提琴协奏曲对大提琴演奏家来说，是一部富于挑战性的作品。乐曲全长1171小节，独奏大提琴的演奏约占78%的篇幅。乐曲全长35分钟，而第一乐章（共442小节）长约20分钟，独奏大提琴共演奏352小节，约占其80%的篇幅，分量之重可想而知。

2002年12月23日，在"马思聪诞辰90周年纪念音乐会"上，由马雯独奏，中国青年交响乐团协奏，杨力指挥马思聪《大提琴协奏曲》举行了世界首演。为出版《马思聪全集》，由马雯独奏，中国青年交响乐团协奏，夏小汤指挥录制的 CD 于 2007 年出版。2006 年，在中央音乐学院举办的第二届全国爱琴杯大提琴比赛，马思聪《大提琴协奏曲》第一乐章、王强大提琴协奏曲《嘎达梅林》及桑桐《幻想曲》等中国作品，仅作为 A 组选手"自选"的曲目之一，而非指定曲目。可见，这部弥足珍贵而优秀的大提琴协奏曲，至今尚未获得业内行家们的普遍认可，这是非常令人遗憾的。

　　随着《马思聪全集》的出版，在马思聪学术研究活动的有力推动下，坚信经过更多热爱这部协奏曲的音乐家们的不懈努力和奉献之后，它必将成为音乐会的保留曲目和音乐学府的教材范本，使其得以推广流传，从而让这部重要的中国大提琴协奏曲文献，在国际乐坛上熠熠生辉。

2012 年 4 月 14 日

于北京香兰静室

功底扎实　个性朴实　贴近人民

——马思聪室内乐作品评述

金　湘

一、生平

马思聪，中国新音乐乐派一位极为重要的音乐家。他与同时期的江文也、谭小麟及稍早于他的青主、肖友梅、黄自等，均是中国当代音乐早期乐派中最具代表性的人物。他一生创作并留下了大量音乐作品，涉及歌剧、交响乐、大合唱、室内乐等各个领域，是一笔极为丰富宝贵的遗产，值得我们后人认真学习研究。

本文试图以评介马思聪室内乐作品入手，从中窥见马思聪的创作全貌之一、二。

二、室内乐作品

据有资料可查，马思聪一生写过八部室内乐作品，这其中除钢琴弦乐三重奏系其早期（1936 以前）作品之外，大部分均为其中期（1937 ～ 1965）、晚期（1965 ～ 1984）所作。其主要曲目有：钢琴弦乐三重奏（1936）

第一弦乐四重奏（1938）

钢琴五重奏（1945）

高山组曲（1981）

双小提琴新疆狂想曲（1980年代）

双小提琴奏鸣曲（1982）

小提琴二重奏四首（？）

小提琴二重奏（？）

我们知道，室内乐这一体裁来自西方。一般而言，在音乐创作领域当中，它是古典音乐传统的"堡垒"，主要面向"小众"；在这里从作曲技法、演奏手法、直到欣赏习惯都保留了大量"西方传统"的痕迹。当然经过了乐坛二十世纪天翻地覆的变化，室内乐这种体裁本身也有了极大的发展：它在仍然保留了面向"小众"的特点基础上，从传统堡垒中脱壳而出，更多地成为了作曲家技法创新的"实验田"、个性张扬的"无禁区"、灵感喷发的"火山口"；大大彰显了：写作技术的探索性与开放性；编制选择的灵活性与多样性；音乐风格的原创性与个性。是现代主义/后现代主义音乐的一扇极为重要的窗口，一块必不可少的阵地。

三、作品基本特征

有了对现代室内乐发展这一总体概念的基本认识，并以此审视马思聪的室内乐作品，我们就会发现贯穿于马先生的室内乐作品的三个基本特征：

1. 扎实的传统功底

尽管马思聪所处的创作全盛时期，在西方已早是越过了古典/印象派而进入了现代派、新民族乐派，但先生从他早期（1936年写的《钢琴二重奏》）直到晚期（1981年写的《高山组曲》），似乎坚持了他的一贯道路：对西方古典乐派的忠实继承！

a）结构上。乐曲结构实际上是乐思发展的逻辑体现。西方传统乐思发展手法大致有如下几种原则：对比并置性、变化发展性、同旋反复性、交响冲突性。不同的的发展手法，有其最妥切的结构形式体现（例如，单三部、复三部，变奏曲，回旋曲，奏鸣曲等）。不同的作曲家在不同的作品中，有其不同的选择；

马先生在其室内乐作品中，似乎更偏重"对比并宣性"（间或亦有"变化发展性"、"回旋反复性"；但"交响冲突性"较少）。我们在他的室内乐作品中，多处可见大量的三部性、二部性的陈述与并置。例如《第一弦乐四重奏》第二乐章的二部性就很典型。

例1　《第一弦乐四重奏》第二乐章（全部）

a：1～24小节　b：25～48小节　a'：49～64小节　b'：65～89小节　a＋b：90～126小节

图解─────── A ─────── / ─────── B ─────── / ── Coda ───

这是典型的马思聪陈述手法。

b）织体上。长期以来，很多人（甚至包括作曲家本人）对乐曲的织体未予以充分注意；实际上，乐曲织体是集作曲家灵感、技术、感觉、美学观于一体的乐曲本体的综合体现；从传统的古典到超先锋的后现代，从简单的旋律伴奏、分解和弦到极为复杂的偶然音群、数控音块，织体的写作发展迅猛、变化万端，是作曲家施展才华、翱翔想象的一大领域。

马思聪的室内乐织体精致缜密，声部搭配流畅，节奏变化有度，手法（尤其是弦乐的运用）实在已是相当老到成熟。只是，从总体上看，它们还是局限在西方古典的传统框架之内，未有更多的突破。兹举一例：

157

例2　《钢琴五重奏》第一乐章 102～132 小节

　　c）多声部写作上。从音乐创作整体来看，和声与复调均属于多声部写作。

　　有别于马思聪同时代在西方盛极一时的十二音体系及其它许多林林总总的无调性手法，马思聪一直坚持其有调性、传统功能和声的手法；在他的室内乐中，和声的运用基本是在三度叠置框架下，附加纯四五度、大小二度音程，突出东方色彩；调性变换基本在段落之间，而且似乎更多地向下属方向发展。看来，作曲家还没来得及建立起自己的和声体系，完全是凭其极好的音乐感觉在写出他心中朦胧的东方音响。

谱例3 《钢琴五重奏》第二乐章（122～138 小节）

在复调上，马先生运用的较少。在《第一弦乐四重奏》第四乐章中几段模仿的写作，相当典型！兹举一例：

谱例4 《第一弦乐四重奏》第四乐章 49～56，57～65 小节（大提琴声部的陈述，第一小提琴的模仿）

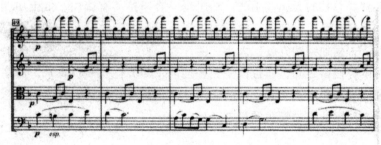

160

但从总体来看，马先生还是一个主调音乐思维相当强的作曲家。

必须指出，马先生的这些对西方室内乐古典传统的学习与继承，又无一不是与题材、风格、个性极为自如地、毫不生硬地融合一体，故而从中可以看见先生的传统功底之扎实（可参见他的《钢琴五重奏》和《第一弦乐四重奏》全部）。

2. 朴实无华、敦厚执着的个性

我们看一首作品，无论其手法多么多变，音响多么繁杂，最终还是看其最核心的品格！多数情况，它集中凝聚在乐曲的主题上。勿庸置疑，一首乐曲的主题，既是作曲家思想、情感、人格、个性高度升华、浓缩的结晶与体现，亦是决定这首乐曲从技术上发展的轨迹的"原动力"。这就是为什么古今中外这么多作曲家如此重视乐曲主题的写作的原因（贝多芬一改再改《英雄交响乐》慢板乐章主题的故事，人人皆知）。

凡接触过马先生的人都为其从不张扬、待人谦逊、关爱后生、平易近人的品格所感动（我本人就曾亲身受过他在 1952 年我在中音院少年班学习时、1957 年我在中音院被错划右派后的两次业务上的亲切关爱）。文如其人，马先生的室内乐作品主题个个很有份量：敦厚朴实，简练通达。一旦陈述，娓娓道来、自然流畅，从不炫耀、也不卖弄。朴实无华的音乐贴近人性，沁入人心。使人久久不能释怀。

谱例5　《钢琴五重奏》第一乐章主题27～50小节（钢琴部份）：

如果我们不完全为"室内乐"这一题目所框，我们还能从马先生的小提琴曲《思乡曲》、《塞外舞曲》中，感受到他的主题既

162

源自于民族音乐之血脉，又发自作曲家的内心：内涵、隽永、朴素、感人！

谱例6　《思乡曲》主题1～8小节：

3. 源自民族的乐风、贴近人民的根基

马先生有句名言："中国的音乐家们除了向西洋学习技巧，还要向我们的老百姓学习，他们代表我们的土地、山、平原与河流。新中国的音乐不会是少数人的事，它是隐藏在四万万颗心头号里的一件事。"他是这样说的，也是这样做的。在《绥远组曲》中的《思乡曲》、《塞外舞曲》中，在《西藏音诗》中的《剑舞》中，在《高山组曲》中，在《新疆狂想曲》中我们都能真切地感受到一位音乐家忠于本民族、贴近人民的心。

谱例7　《双小提琴新疆狂想曲》主题3～8小节（第一小提琴部分）：

在马思聪的那个年代，在20世纪现代乐派十分"猖獗"的同时代，马先生能坚持并实践这种美学观，写出一批具有浓郁中国风、贴近中国心的室内乐作品，真是极为宝贵、极为难得！

四、结语

在马思聪先生诞辰一百周年之际，我们怀着敬爱与缅怀之心，翻阅与欣赏了马先生的全部室内乐作品，不仅从中得到了音乐本身的美的享受，更引发了一系列哲理性的美学思考。今天我们身处中华文化大复兴的前夜，对于过去一个世纪中华乐坛的巨变必须也应该有一个历史性的、辩证的、全面的回顾。只有我们严肃地总结了过去，才能"站在巨人的肩膀上"更好地继续前进。

在这百年巨变的中国乐坛上，马思聪先生无疑占有重要的一席；虽然由于主客观各种因素的限制，不可否认，马先生的作品仍有诸多不足、不尽完美，但他以其高尚的人格与优美的音乐已为我们发展着的中国近现代音乐史贡献了一笔相当可观的精神财富。

谨以此短文纪念伟大的作曲家、小提琴家马思聪先生。

2012 年 2 月 1 日北京

马思聪的《欢喜组曲》与
《山林之歌组曲》管弦乐法特征之比较

董立强

马思聪创作于1954年的《山林之歌组曲》由五个乐章构成管弦乐组曲，各乐章所使用的主题基本上是以气息相对较长、并具有较强的歌唱性旋律构成，其旋律风格具有明显的中国五声性的民歌特征。同时，由于多调式的运用，在作品中形成了调式交替与复调式等现象，因此乐曲在展开过程中，内声部和低音声部经常出现不协和音程或半音化线条的进行，从而也形成了以中国五声调式旋律为基础的纵向混合型和声语汇。

《欢喜组曲》是马思聪在1949年创作的由六个乐章组成的管弦乐组曲，在主题旋律的风格上，运用的更多是一些气息不长、较为简短、片段式的材料。同时其音高关系上更具有器乐化旋律的特征。如旋律中的音程跨度较大，音区对比明显，加之大量使用不规则节奏和节拍等。在调式调性方面，使用了多种调式交替乃至并置的复调性手法，在此基础上形成了大量的复和弦或高叠置和弦，强化和突出了和弦在纵向上的较为复杂的关系与不协和音响，使作品具有明显的个性特征。

旋律材料特征上的反差，以及纵向和声结构关系与运用上的不同，使得这两部作品在风格上具有明显的区别，而这种区别在管弦乐法的作用下显得更加鲜明和突出。

165

一、乐队编制上的特点

《山林之歌组曲》与《欢喜组曲》所使用的乐队编制都不是标准的双管编制。《山林之歌组曲》的乐队编制是在标准的双管编制的基础上，增加了一支短笛，另外在第五乐章《夜》中使用了英国管，用于乐曲开始的主题旋律。而《欢喜组曲》在双管编制乐队的基础上，虽然也增加了一支短笛，但只用了两支圆号（这一现象比较特殊，因为在双管编制乐队中，一般情况都使用四支圆号。并且从此曲风格内容上看，如果使用四支圆号的话，能使乐曲中音区的铜管组音响更加坚实浑厚和均衡），铜管组中还使用了两支现在乐队中已不再使用的 A 调小号。从乐队的编制上可以看出，马思聪在这两部作品中的一些乐章里，刻意加强了乐队音色的明亮度，扩展了乐队的音域，同时利用了木管"家族乐器"的独特音色，来勾勒音乐的主题"形象"。另外值得一提的是在《欢喜组曲》第二乐章《舞曲》中，马思聪刻意使用了腰鼓，它不但强化了《舞曲》中的节奏，同时也为乐曲抹上了一层"中国色彩"。

二、管弦乐法的运用特征

《山林之歌组曲》在管弦乐法的运用上，强调音色的"独立性"和清晰度，比较多的使用木管组纯音色来构成乐曲的不同功能线条，而木管组与弦乐组结合形态样式虽多，但力求各声部线条的清晰与鲜明成为主要意图，这符合了乐曲的构成形式与内涵。《山林之歌组曲》铜管组的运用不管是在"量"上还是"度"上都比较节制，其中小号被赋予了更多的"独立"功能。而在《欢喜组曲》的管弦乐法中，由于乐曲的旋律、和声，以及节奏特征，各种混合音色结构形态得以充分展示和强调，"音色"似乎作为某种外化功能，常常作为乐曲的"前景"给人留下深刻印象。《欢喜组曲》中铜管组的"强势"被充分地展现，尤其作为"强质"乐器的小号和长号音色被着重渲染，并成为乐曲风格定位的重要因素。打击乐组则显示出更加突出的音响色彩和功能强化的作用。

1. 旋律线条的音色处理

《山林之歌组曲》中，旋律多以乐句为单位进行音色的变换，使其音色变化具有一定的规律。而《欢喜组曲》由于旋律相对短小，调性移位更加频繁，因此音色的变换频率也相对更快，有时是以乐节甚至动机为单位进行音色的转换，音色的变化规律性减弱的同时，音色的"意外性"得以突出。

谱例1　《欢喜组曲》第二乐章《舞曲》第16小节至第18小节

167

在《山林之歌组曲》中，马思聪运用了较多的卡农形式来展开音乐主题。在音色的处理上多为相同乐器组的两种乐器或不同乐器组音色之间的模仿。

（1）木管乐器与木管乐器之间的模仿

谱例2　第二乐章《过山》开始处旋律的卡农模仿

双簧管为先行声部，大管为模仿声部（相差两个八度的模仿）。

（2）弦乐器与弦乐器之间的模仿

谱例3　第三乐章《恋歌》第61小节开始处

大提琴（1/2）为先行声部，第一小提琴为模仿声部。（相差一个八度的模仿）。

（3）木管乐器与弦乐器之间的模仿

谱例 4　第三乐章《恋歌》第 32 小节开始处

双簧管＋单簧管为先行声部，大提琴为模仿声部（相差两个八度的模仿）。这种利用不同组乐器之间进行模仿，首先是凸显出了异质音色之间的差异与对比；其次，两支木管乐器构成的同度混合音色与大提琴的纯音色之间进一步形成音色上的反差；另外，木管乐器声部与大提琴声部相隔两个八度，在音区上也形成了鲜明的对比。

在《欢喜组曲》中，旋律声部较少使用两种（组）乐器声部间的卡农模仿，而强调的是旋律进行过程中混合音色的处理方式。同时在横向音乐的进行中，强调纵向上瞬间的音色和音区对比，使得旋律功能有所弱化。因此，由于对旋律

169

音色上的不同处理，使两部作品的风格呈现出了更为明显的差异。

2. 利用弦乐器的特殊演奏法产生出多彩的音响

在《山林之歌组曲》和《欢喜组曲》中马思聪都使用了许多弦乐器的特殊演奏法，以求得音响的多样色彩，音色种类的增多、音色形态的丰富使塑造出的音乐形象更为突出和鲜明。采用特殊性的演奏法，或许是为了模仿少数民族乐器的声音，以及为了暗示某一种情境，但它的运用的确增强了纵向织体声部的层次感，达到了丰富乐队音响的目的。同时也看出马思聪作为小提琴家对弦乐器的偏爱。

谱例5　《山林之歌组曲》第三乐章《恋歌》开始处

低音提琴声部使用了八度分部的巴托克拨弦（乐谱上标记"＋"，并用文字说明演奏法，但没有说明是巴托克拨弦），据说是模仿某种民族乐器的音色，它在这一乐章的开头与结尾处，如同固定音色动机一样形成了呼应和再现，起到了乐曲的结构作用。

谱例6 《欢喜组曲》第六乐章第88小节至90小节

　　谱例中第一小提琴声部与大提琴声部运用了装饰音滑奏，并同时分别与长笛、大管以及圆号声部构成八度或同度音程关系的叠置，形成了相同织体的异质混合音色结构。

　　从《欢喜组曲》第六乐章第217小节开始，第二小提琴声部和中提琴声部在较弱力度下使用"靠近琴码演奏"，形成了带有金属般音色的背景声部。

谱例 7　《欢喜组曲》第三乐章《慢诉》第 78 小节至第 81 小节

第一小提琴声部与大提琴声部同时在 D 音上形成弱力度持续性的泛音，第 79 小节由第二小提琴声部和大提琴声部以拨奏的形式与前面一小节的泛音形成完全不同的音色对比，构成了在背景声部中音色调节与变化的作用，同时也看到了马思聪对各声部织体音色的细腻处理。

在处理旋律声部与伴奏声部的音色关系上，也使用了以木管独奏为旋律，弦乐泛音作为伴奏背景的手法。

谱例 8　《欢喜组曲》第五乐章《牧羊》第 39 小节至第 42 小节

谱例8中，以弦乐的多重泛音伴奏织体为背景，衬托出长笛的旋律线条。在这里，弦乐的五个声部都使用了弱力度的泛音奏法，为了突出整个背景声部的律动，以及增强背景织体中的层次感，在第一小提琴声部的分部中，使用了八分音符波浪形的节奏化织体音型，使伴奏声部形成了一种闪烁的音响效果。

以上可以看出：马思聪不管是在《山林之歌组曲》还是在《欢喜组曲》中都利用了多样化的演奏法，并结合不同的织体结构和音色布局，使乐队整体的音响更为丰富多彩，同时也使得纵向多重织体层次的结构得以清晰地划分。

3. 木管乐器极限音的使用与音程的特殊排列

（1）在《欢喜组曲》中，出现了相同的两支木管乐器使用超过八度、甚至十三度音程的排列，这样特殊的排列法在作品中产生出较为特殊的音响效果——纵向上音色与音量的不规则分布，这样会突出其中的某一支乐器，使得相同乐器的音色具有"分离感"。

谱例9　《舞曲》第130小节至第132小节

（2）使用木管乐器的极限音，以达到旋律线条音色变化的最大程度。

谱例10　《山林之歌组曲》第一乐章第13小节至第15小节

谱例10为第一乐章的主题旋律，双簧管使用了低音的极限音。一般常规配器中由于音色和力度的统一和平衡关系，我们不会这样使用。但马思聪在这里似乎更想突出双簧管不同音区的音色对比，以及低音区的音色，并在作品中多次出现，反而成为了他特定的配器风格特征。

（3）在这两首作品中，一些木管经过式旋律走句的音程跨度非常宽，甚至达到了三个八度之多。这样的处理除了突出了木管乐器自身所具有的色彩性音响特征之外，也形成了由于乐器音区的不同而造成的音响张力的改变。

谱例11a　《山林之歌组曲》第三乐章《恋歌》第15小节至第17小节

谱例11b　《山林之歌组曲》第三乐章《恋歌》第29小节

谱例12　《欢喜组曲》第五乐章《牧羊》第23小节至第25小节

174

（4）在木管组声部中，纵向音程或和弦的排列使用了"倒序"的组合手法。并且，这样的手法在伴奏背景织体声部与旋律声部中都能见到。

谱例13　《欢喜组曲》第二乐章《舞曲》第47小节至第50小节

谱例13中，两支单簧管都超越了双簧管声部，第一单簧管与两支长笛声部相重叠。

谱例14　《欢喜组曲》第二乐章《舞曲》第105小节至第106小节

175

在木管组齐奏的乐句中，单簧管同样以高八度叠置在双簧管之上。以此突出和强调了单簧管的音色。

谱例15　第五乐章《牧羊》第59小节至第61小节

谱例15中，大管声部超越了两支单簧管声部，构成了由"倒序"关系组合而成的木管和声音色，小字一组的大管"纯净"音色得以突出。

谱例16　《山林之歌组曲》第四乐章《舞曲》第4小节至第9小节

木管组声部中，单簧管叠置在长笛上方构成八度旋律。马思聪使用这种"倒序"组合的处理手法，打破了木管组根据乐器由高到低的自然发音排列规律，突出强化了叠置在上方乐器的音色，以及"别样"色彩组成的和声与旋律线条。

三、纵向音色结构的处理

1. 用纵向音色的叠置强调节奏特征

在《欢喜组曲》中，马思聪常常利用纵向音色的叠置形成乐队全奏，来强化音乐进行中不同形态的节奏。此时，纵向混合音色的结构形态得到了充分的强调，并以乐队瞬间全奏形成的高度混合音色来展示各种不同特征的节奏。

谱例17　第一乐章《开场曲》第 1 小节至第 2 小节

谱例17 中，由一支圆号与一支小号同度结合构成一个重音位置不同、并以两小节为一组的节奏化音型，而乐队全奏使用 ff 的力度和纵向高密度混合音色叠置的和弦来突出节奏上的重音位置，形成了与圆号、小号之间音色和音量的强烈对比与纵横关系，构成了一个令人振奋、热烈的"开场白"，表达了马思聪的"欢喜"的心情。在具体的音色处理上，乐曲的主音（A）被突出和强调，并在短笛担任的小字三组的 A 与低音大提琴声部演奏的大字一组的 A 之间，构成了相距五个八度的宽广音域，整个音响具有很强的明亮度和混合性。这其中弦乐组的和弦拨奏强调了点状的声音形态，更加突出和强化了不规则节奏特征。以上手法在同一乐章的第 86 至第 94 小节中得以再现。而在《山林之歌组曲》中，"强烈"、不规则的节奏性对较少，因此，各种形态的节奏所具有的音色及其结构形态，普遍的更加"纯净"和"简洁"。特别是

伴奏节奏织体，往往是由单一的纯音色，或只有少量的音色混合构成，这符合了乐曲突出和强调横向旋律的意图。在乐队的全奏中，节奏的纵向混合音色布局显得"自然合理"，音色层次更加清晰。

2. 用纵向音色的叠置强化和弦的不协和度

在《欢喜组曲》中，马思聪常通过瞬间纵向上的音色叠置形成强有力的乐队全奏，来强化和弦的不协和音响。瞬间强力度不协和和弦的乐队全奏成为乐曲的一大特点。在和弦的排列上，刻意突出了二度不协和音程。

谱例18 在第一乐章《开场曲》一开始的部分，纵向上形成了以 A 为低音的不协和和弦：

这个不协和和弦原本应该是由 A – 升 C – E 构成的主三和弦，但作者利用 D 音代替升 C 音，试图避免典型的西洋大调特征，使其更具有中国五声调式和弦特点。由于环绕 A 音的两个辅助音——升 G 与降 B 的纵向化，使和弦自身的性质模糊并具有强烈的不协和性（中间同时包含大二度与小二度、以及增减音程）。在这个和弦的音色纵向构成上，2 支长笛演奏升 G 与 A，用相同音色来强化小二度音程的不协和度。2 支单簧管演奏 D 和 E，也突出了大二度的不协和性。弦乐组中，第二小提琴声部拨奏的是 E – 升 G – A – E 四音和弦，中间也包含不协和的小二度音程。因此，可以看出马思聪试图通过瞬间强力度纵向和弦的乐队全奏，特别是运用相同的管乐器构成和弦结构中的二度音程叠置，突出了不协和的音程关系，强化了和弦自身的不协和度和瞬间产生的紧张音响，由此形成了乐曲的个性。

相比之下，《山林之歌组曲》中的和弦结构与层次都较为简

178

洁，和弦的音程关系比较协和，同时发音或被强调的不协和度很
高的和弦使用并不普遍，相对《欢喜组曲》而言，其纵向音色上
"纯净"清晰的特点更加明显。

3. 纵向内部织体处理与音色布局的关系

在这两部作品中，马思聪在对纵向上不同织体层次的处理上
是多样的，既有使用不同的独立音色、通过鲜明的"色差"对织
体线条进行区别，也有使用混合音色、通过不同的音色类型与音
区上的对比来划分织体的形态。

谱例19 《欢喜组曲》第三乐章《慢速》第38小节至第42小节

纵向织体明确的分为了三个层次——旋律织体、动态的背景
织体以及间断的和声织体。首先，旋律声部处于中低音区的位
置，马思聪使用了不太常见的圆号与低音提琴混合音色的八度奏
来担任旋律织体；弦乐组的其他声部运用颤弓形成的半音间的重复
构成了动态的背景织体；间断的和声织体交给了双簧管与大管，形

成了对背景织体的"染色"。在这里可以看到，旋律使用了中低音区"异质"的混合音色进行呈示，背景声部与间断的和声声部分别使用了弦乐组与木管组纯音色，在音色上将纵向织体声部的层次与形态进行了清晰地划分，构成了纵向织体层次的音色布局的关系。

再来看一个织体层次稍为复杂的例子。

谱例20　《欢喜组曲》第一乐章第 26 小节至第 28 小节

在谱例 20 的乐队全奏中，纵向织体结构大致可以划分为 5 各层次。首先，第一层为处于高音区的旋律声部，音色是由短笛、长笛、双簧管与第一小提琴声部、第二小提琴声部构成的混合音色；第二层是小号在中高音区形成的 16 分音符的节奏音型，构成了乐曲的律动；第三层是由单簧管、中提琴声部的八度奏，以及小鼓的混合音色构成的带装饰音的八分音符，强调了乐曲的重音位置；第四层由圆号在中音区构成的以八分音符为律动的副旋律线条；第五层是位于中低音区的混合音色线条织体，这一部分是由大管、长号、大提琴声部与低音提琴声部重叠拼接构成的，自身形成了音色瞬间变化的"多彩"线条，同时它与圆号声部也形成了音色上时而"聚集"、时而"剥离"的现象。从这个例子可以看出，纵向上五个层次的织体在音色的处理上，使用了较为复杂的混合音色的手法，音色上的不同组合方式使得不同织体形态具有更加鲜明的形象和个性，从而达到划分纵向织体层次的作用，显示出马思聪在织体层次处理与音色布局上精致而细腻的手法。

四、横向音色结构布局与曲式结构
之间的关系

《山林之歌组曲》五个乐章内部的结构比较自由，主要以复三部曲式为主，其中比较明显的还有三部五部曲式的拱形结构。在《欢喜组曲》六个乐章中，以复三部以及回旋形式的结构为主。虽然在乐章数量以及形式上两部作品都较为自由，但它们都有一个共同点，就是突出了再现原则，即无论是拱形结构，还是复三部结构，或是具有回旋性质的结构，在材料或主题进行展开后，总会出现不同程度的再现。有时在作品的乐章之间，材料或主题虽然再现，但音色上的处理一定是有所区别的。

如在《欢喜组曲》的第四乐章中，主题 A 一共出现了五次，在第三次主题出现时，虽然仍是以弦乐组为音色主体，但音高位置发生了变化，同时原先由长号担任的和声持续音、以及低音提琴声部消失了，着重突出了单簧管、大管与旋律声部、和声声部的结合，形成了乐曲结构之间的音色对称关系。

在《山林之歌》第一乐章中，主题在结尾再现时，旋律声部与伴奏声部的音色、以及织体形态都发生了较大的改变。第五乐章开始处由英国管再现了第一乐章的主题，形成了乐曲首尾乐章之间相同主题不同音色的呼应。

	第一乐章		第五乐章
	开始部分	再现部分	开始再现第一乐章材料
旋律音色	Ob. 1	Fl. 1	C. ing1
和声声部	2Cor 长音和弦	2Cl +4Cor 长音 Vl. I + II + Vla + 钹 颤音 }交替	低音与其他声部：
其他声部	低声部的对位： 1Fag→2Fag →2Cl + 2Fag	低音： Cb 低音乐章 B 部分材料： Vc	Vc（1/2）：低音 Vc（1/2）：颤音级进上行

《欢喜组曲》的第五乐章《牧羊》是一个在曲式结构与音色处理上都比较有特点的乐章。此乐章在曲式结构上虽然呈现出较为自由的特点（特别是长笛带有散板式旋律的写法），但通过音色上的合理布局，使乐曲呈现出清晰的结构段落。整个乐章使用了典型的小乐队的编制，在音色安排上，先由木管组乐器作旋律及和声织体材料上的陈述，并逐渐进行乐器的叠加，形成音色上的扩展。在前 26 小节中，使用的都是木管组乐器，从第 27 小结开始，加入了弦乐组乐器，但没有低音提琴。弦乐组作为背景织体声部，在第一小提琴分部双层切分节奏织体基础上，第二小提琴、中提琴与大提琴以每两小结为单位进行了"错位"式的进

入，在形成多重织体结构的同时，伴奏织体声部在 pp 力度下形成具有微妙"色差"的"稀薄"音响。第 39 小节至第 42 小节弦乐组多线条的泛音背景，构成了晶莹透亮的音色，从而形成了前后段落的音色反差。从第 49 小节开始，低音提琴声部以拨奏的方式与大提琴声部形成"点线"式的结合，上方弦乐声部在 pp 力度下，以不同"时差"和波浪式的节奏化音型产生出了"摇曳"般的音响效果。在此能看到织体层次在音色上清晰的纵向结合与横向的发展。从第 55 小节以后，随着力度的增强，低音提琴变为了持续性的拉奏，使得整体的音响幅度得到了增长。在结束部分，乐队音响进行了整体收束的处理，再现了乐章开始时的音色结构，体现出整体配器布局的逻辑性与曲式结构之间的关系。

五、结束语

《山林之歌组曲》与《欢喜组曲》在管弦乐法上既有相似之处，同时也有各自鲜明的个性特征。两首组曲在某一特定的管弦乐写作手法方面具有共同性，如对于木管乐器极限音的使用与音程的特殊排列、弦乐的特殊演奏法，以及横向音色布局与曲式结构之间的关系处理等方面都存在着共通之处。尽管如此，两部作品的风格还是相差较远。究其原因，首先是因为作品中旋律的风格，以及所使用的调式、和声语汇的不同，从而形成了旋律与和弦结构在音色上处理的差异；其次是因为两首作品的织体结构与形态差别较大，各自的音色组合手法不同。在《欢喜组曲》中，利用瞬间高密度音色全奏的手法强调不规则节奏；木管组相同乐器之间超过八度音程的排列、不同木管乐器之间"倒序"组合的特殊安排，以及对于混合音色的强调等，都对其特定风格的形成起到了决定性的作用，也是形成《欢喜组曲》具有强烈"张扬"

音响效果的原因所在。现在看来，在 20 世纪 40 年代末的中国，马思聪的《欢喜组曲》具有强烈的"先锋"感。在《山林之歌组曲》中，突出旋律是音色处理的优先考虑，因此，和声的结构、织体的形态与构成，在音色处理上显得更加"自然单纯"，音色的"独立"性更强，形成了《山林之歌组曲》在配器手法上较为"节制"的特点。总之，从管弦乐手法的角度来说，《山林之歌组曲》主要强调了横向线性的、旋律与伴奏不同功能之间的音色处理，而《欢喜组曲》更加突出了纵向结合的音色结构。

通过对《山林之歌组曲》与《欢喜组曲》管弦乐法的分析，我们可以看到马思聪在管弦乐创作中十分强调配器手法与音乐内容的统一，在整体配器布局的基础上，对局部结构中的音色进行细腻的处理方式，其表现在对各乐器声部在音区和力度方面所具有的个性化处理；强化织体发展中音色的作用；强调纵向结合与横向发展中的音色关系上。在马思聪的管弦乐作品中我们能够充分体会到他的创作激情和感性，以及那具有强烈性格、鲜明色彩感的管弦乐法特征。

弘扬马思聪的"求真"精神

黄旭东

马思聪出身、生长在一个中西文化兼容、经济较为富裕的家庭。父辈、兄长们对他的潜移默化、海外多年的求学经历、国内动荡的生活体验，尤其是他在艺术上长期刻苦的磨炼，铸就了他的人品、艺品和个性。据我的了解和学习相关资料，对马思聪的为人和个性特点，可用这几句话来概括表述：他谨慎而又大胆，含蓄而又热情，内向而又爽直；他不善言谈，不喜社交，不与人争；不善也不愿显露自己，更不会腔装作势，盛气凌人。他不摆架子，平易近人；温良谦恭，真情待人；坦诚直言，以理服人。他旗帜鲜明，要么不说，要说就讲实话、真话、心里话，决不吞吞吐吐绕弯子或模棱两可，更不会见风使舵。马思聪的这种个性特点和人格品性，融化在他的学术思想中，则体现为一种"求真"的精神。这里简要说其中的两点。

我从事编辑工作20多年；退休后又为辞世前辈赵梅伯、李昌荪、汤雪耕、吴伯超、程懋筠、廖辅叔、喻宜萱等编了六本纪念文集，继续在做业余编辑。所以我想首先从马思聪对编辑人员提出的若干要求中，来看他的"求真"精神。

1956年马思聪在《人民音乐》8月号上发表的《作曲家要有自己的个性和独特风格》一文中指出："作为一个刊物的编辑部，应当特别注意防止乱扣帽子和粗暴的态度。刊物应该容纳各方面的意见，发表不同看法的文章，把完全对立的文章登载出来，让读者也独立思考一下究竟谁是谁非。"他毫不含糊地批评《人民音乐》在这方面"做得很不够，有些文章总是急于下结论"，"只准自己'鸣'而不让别人'鸣'"。他认为"任何妨碍'百家争鸣'的做法都是错误的"。（本文引文均出自俞玉姿编《马思聪音乐文选》1992年9月中央音乐学院油印本）

马思聪的批评是有事实依据，完全正确的。他举例说，比如对贺绿汀发表的文章（指《论音乐的创作与批评》一文）"用不着那样大张旗鼓地搞"（指所谓的讨论，实际是批判）；他认为贺文不存在两个否定（指否定学习政治和马列，否定体验生活）。结合当时音乐界的业务状况，他实事求是地指出，"实际上我们的技术水平很不高，急需加以提高，难道我们仅仅满足于我们目前较低的技术水平而不想前进了吗"？马思聪的意见在今天看来似乎很平常。但在当时来讲真可说是"空谷足音"。由于他没有实权，有谁把他的意见当回事呢？所以贺绿汀的所谓问题，竟要在20多年后才有公正的历史结论：20世纪50年代那场对贺老文章的所谓讨论是没有必要的，错误的。而马思聪则有先见之明，他以求真的精神，早在1956年就公开的一针见血地指出来了。联系到我们音乐学术界的实情，我觉得，真正的"百家争鸣"的学术空气是相当淡薄的，你好我好大家都好的所谓和谐氛围，掩盖了音乐界的不正学风。今天我们纪念马思聪，就要学习和弘扬他的求真精神，切实贯彻"百花齐放、百家争鸣"的方针，以繁荣学术事业。

马思聪学术思想中"求真"精神，还突出地反映在对聂耳、冼星海的评价上。涉及这方面内容的文章，就我读到的几篇来看，马思聪一方面对聂耳、星海的人品、作品、艺品以及他俩的成就、贡献和历史地位给予充分肯定，但同时他也毫不含糊地对音乐理论界存在的"不够实事求是"的"评价"的现象，提出了中肯的意见。其实，马思聪早在1947年就说过，"聂耳的歌，其意识其旋律的效果是有着光辉的成就，但不能说聂耳的创作是最

186

完好的艺术品","还需要多一些""音乐的学术部分的分量"。他指出,"聂耳、星海无疑是伟大的,他们的作品的艺术成就也是不可否认的,但是这并不等于说他们的任何一个作品,任何一个地方都是完美无缺毫无疵瑕"。马思聪的话不是无的放矢。在相当一个时期里,确确实实有相当一些人对聂耳、星海的作品和历史地位评价过高(我们学院里有位长期研究近代音乐史的人就是如此)。马思聪认为,有的人甚至把他们作品中的某些不足或缺点,也"看成是独特的艺术手法"。对此,马思聪提出了自己的看法。他引用聂耳、星海自己"不因既得成就而自满"的事实来加以说明。他说,"聂耳自己以至后来冼星海都感觉到,在他们达到某一阶段的成功之后他们感到更大的不满足,为了学习,他们一个向东到日本,一个向西到苏联"。"给我们做榜样的,他们两位的不满足与学习精神的价值是相同于他们作品的价值"。"聂耳的创作是并不难超过的,而他们的学习精神、不满足精神则永远值得我们敬仰"。

马思聪的这些观点与当时占主导地位的意见是相左的。这又可说是"空谷足音"。他之所以能说出常人说不出或不敢说的话,一方面当然他要有勇气,同时,还须要具有"智"气,即求真的精神。而有些人则"好就是绝对的好,一切皆好,全盘肯定";还有的研究者将聂耳无限拔高(比如汪毓和曾说过什么聂耳也培养了"继承革命音乐事业发展的新人才")。由于马思聪在20世纪50年代是音乐界的第一号"统战人物",他逃过了1957年知识界由自称搞"阳谋"的毛泽东亲自发动、邓小平实际执行的那场所谓反右派的大劫难(据说马思聪……)。但上海的三位青年学生汪立三、刘施任、蒋祖馨就是在冼星海的交响乐作品评价问题上发表一点不同学术见解而被扣上了"右派"帽子;当年的学术氛围多么恐怖!

学习和弘扬马思聪的求真精神,在聂耳、星海评价问题上给我们的启示是：我们应当真心诚意地景仰社会公认的伟人、名人或的的确确有真才实学的专家、权威。敬佩和尊重他们，认真地向他们学习，研究和总结他们的艺术经验。正如马思聪所说，只有"懂得前人的巧，才能探索新的巧"。但同时对他们又不能盲从。要独立思考，要有自己的主见。尤其在当今学术界那种心态浮躁，急功近利，甚至投机取巧、自卖自夸的不良学术风气还普遍存在的情况下，更要自重、自爱，不要趋同、追风。一个真正的学者，一定要有自己独立的学术品格。马思聪的为人、创作和学术思想就是如此。

马思聪学术思想中"求真"的精神，体现在许多方面。比如在对青年作曲家的培养上、小提琴的教学实践上、音乐教育的教学内容上、要求音乐工作者自身业务修养的提高上、对民族民间音乐文化的学习上以及如何对待"五四"以来一批音乐家的不同流派、不同风格作品的评价上等等，都有自己独到见解，都是值得大家学习和研究的。

我对马思聪没有什么研究，这里仅把我对他的一点粗浅认识谈一下，供大家参考。欢迎批评。

二、追忆缅怀篇

1947年秋～1948年夏马思聪
在广东艺专

——两部大合唱《祖国》和《春天》的诞生

钟立民

我于1947年秋，入广东艺专五年制音乐科一年级。校址在广州光孝寺（中山纪念堂附近）。马思聪先生1947年秋到1948年暑期这段期间在广东艺专音乐科主持工作。当时马思聪先生同时还在中山大学师范学院任教授，并兼任香港中华音乐院院长，所以经常往来于穗港之间，但他逗留时间最多的仍然是光孝寺广东艺专。

马思聪先生的两部大合唱《春天》和《祖国》正是诞生在这期间。

据我记忆，《祖国》大合唱诞生的过程大致情况如下：

1946年，词作家金帆由广东东江纵队游击区转移到香港，1947年，马思聪在香港中华音乐院任院长时，常举办小提琴演奏会。两人在演奏会再次相见，倍感亲切。金帆认识马思聪是在抗战初期，马思聪在广州中山大学任教，金帆在学医，因为热爱文学，他一边学习，同时以克锋为笔名写诗。他的诗集《赴战壮歌》中的一首《我爱我有一只喇叭》打动了马思聪，马思聪为之谱了曲，改名为《自由的号声》，发表在《乐风》1941年1月新一卷第一期。这是首独唱曲，风格鲜明，热情澎湃，是一首成功之作。之后，金帆去了马思聪寓所，那是两人第一次相见，气氛十分亲切。不久，广州沦陷，他们也数年未能相见。这次两人相遇，当然都非常高兴，马思聪立刻提出，要金帆写一首大合唱的歌词为之谱曲。据金帆在文章中回忆："当时全国学生正在反对打内战，举行反饥饿大游行，于是决定为学生运动而写作，取名《祖国大合唱》，共写了七段歌词寄他，他选了四段：一、《美丽的祖国》，二、《忍辱》，三、《奋斗》，四、《乐园》。"

金帆从香港寄来歌词，马思聪在光孝寺广东艺专完成谱曲。大合唱每写好一段，就给学生合唱团排练一段。合唱队是由音乐科全体学生组成，其中包括本科二年制二年级学生，一年制音训班学生，五年制一年级学生。排练合唱的指挥是黄飞立老师，男声领唱是教声乐的罗荣钜老师，钢琴伴奏由马思聪先生自己担任。我当时正念五年制一年级，也荣幸地参加了，还记得当时排练的场面，不论是老师还是学生都热情似火。

艺专正式演出的时候，有中山大学进步学生组织的同学前来观看，他们当时就提出希望这一合唱能到中山大学演出一场。马先生本人同时就是中山大学的教授，当然不成问题，立刻作出决定去演出一场。那时，中山大学和全国各大学一样，刚刚经历了1947年5月间"反内战，反迫害，反饥饿"大游行（南京为5月20日，广州为5月31日），争民主的气氛十分高涨，《祖国大合唱》的演出获得极为强烈的反响。歌中"中国人民不愿再做奴隶，中国人民要做自己的主人！"拨动着青年学生们的心弦，歌声甚至被热烈的掌声、呼声所打断！

《祖国大合唱》成功演出之后，马思聪又要金帆再写一部合唱歌词，于是，金帆又写了《春天大合唱》，内容共有5段：一、《冬天是个残酷的暴君》；二、《好消息》；三、《春雷》；四、《迎春曲》；五、《快乐的春天》。

同《祖国大合唱》一样，写好一段，练唱一段，陆续练唱到写完，练唱完，全曲也就全部排练完毕。

《春天大合唱》在广州市正式演出了，地点是广州市基督教青年会，青年会合唱队共同参加演出，时间是1948年4月间，指挥仍是黄飞立老师，女声领唱为孔庆云同学等。现场听众反应依然十分热烈。此后，两部大合唱在全国各地经常演唱，影响甚广。

自1945年底或1946年初起，马思聪先生共写了七部大合唱，它们是：（一）《民主大合唱》端木蕻良词；（二）《抛锚大合唱》端木蕻良词；（三）《祖国大合唱》金帆词；（四）《春天大合唱》金帆词；（五）《鸭绿江大合唱》；（六）《淮河大合唱》金帆词；（七）《航海大合唱》陈湘词。其中《抛锚》、《鸭绿江》、《航海》三部均残缺，另有一部《石鼓口大合唱》仅在李凌先生的文章中提及，未见到过曲谱。

《祖国》和《春天》是影响最广泛，发挥作用最大的两部。

另有2件记忆中的小事：

1947年我在艺专时，艺专师生经常举办内部音乐观摩，最精彩的节目除了马思聪先生的小提琴独奏外；还有王友健先生的大提琴独奏；罗荣钜先生的男声独唱，他演唱了马先生改编的数首民歌，其伴奏织体风格自然和谐，有一首《剪花》效果尤其好，令人陶醉。

我在校学习期间，留下深刻记忆的是，当时的师生关系非常融洽，可以说朝夕相处，亲密无间。在《马思聪全集》图片专卷中有一幅照片，就是当年我们师生的合影。那是1947年1月1日我们音乐科五年制本科一年级全体二十几人去马老师家贺新年，王慕理老师拿出客家风味的萝卜糕让大家品尝，之后，大家一起照了相。所以提起，是因为图片说明中有误，说明写的是"1947年马思聪与广东艺术专科学校的教师合影"，实际应为，"马思聪、王慕理、王友健、罗荣钜、黄友棣等教师及音乐科一年级全体同学合影"。

191

1948 年暑假，我回到家乡南昌，回去不久，就接到学校通知，我被学校当局开除了。回艺专取行李时，见到同班李清坚同学，他告诉我第一句话就是："我们全班 7 个男同学被开除，除一廖姓男同学外。"我们班一共 8 名男同学，被开除的男同学都是被认为思想进步的学生。后来得知马思聪先生也是在此时离开广东艺专，也是出于同样原因。

追 忆 和 缅 怀

黄晓和

马思聪先生作为小提琴家、作曲家和音乐教育家，是中国近现代音乐的先驱，是中国小提琴学派、中国作曲学派和中国音乐教育的开拓者。与同时代的职业音乐家相比，他在专业水准、艺术修养和创作成就方面最为突出，他是中国民族乐派当之无愧的代表人物，他在中国近现代音乐史上杰出的贡献，永远值得我们崇敬。

上世纪50年代初，我在音乐学院少年班学习时，曾经是他的学生，亲自领受过他的教诲，感到无比的荣幸。他指导我演奏过他的小提琴回旋曲和巴赫的小提琴无伴奏组曲。那时中央音乐学院还在天津，经常有一些接待外宾的演出活动，往往让我表演独奏，我演奏的曲目就是马思聪先生的第一回旋曲。

在小提琴演奏技术上，马先生要求松弛自如；在乐曲情感表达上要求自然流畅。当时我才十五六岁，很不懂事，不太领会和理解他的教学理念和方法。我的个子不高，手也比较小，用的是3/4比例的小琴。马先生认为我拉小琴，音乐不够成熟，显得幼稚。于是让我改用成人琴，但是我很不适应。结果拉琴更不会放松，表情更不自然，使他有些失望，我感到很内疚，觉得对不起马先生。

1954年，我考上了留苏生，被派到莫斯科在著名苏联小提琴家大卫·奥伊斯特拉赫班上学习。在上小提琴课时，奥伊斯特拉赫教授和他的助教邦达连科知道马思聪先生是小提琴家和作曲

193

家，又知道我是他的学生，就问我拉过他的作品没有，有没有他的小提琴作品。我正好出国时带了已经出版的全部马先生的小提琴曲，于是我把这些谱子拿去给他们看，他们很感兴趣，立即拿在手中翻阅。助教说他想带回家去研究，于是我干脆把这些谱子全部送给了他，他高兴极了。

我到莫斯科后，眼见苏联同学小提琴演奏水平都很高，为了追赶他们，我就加倍练琴。但是俄罗斯的气候变化大，冬天又长又冷，我经常感冒，而感冒时练琴，整个身体机能都不正常了。结果犯了职业病，怎么也治不好，终于改行攻读音乐学专业了。我虽然告别了小提琴，但是音乐大师马思聪先生的谆谆教导和他和蔼的形象始终是鼓舞我继续在音乐事业上奋斗的动力。

上世纪50、60年代，苏联国家大剧院乐团的第一提琴手成立了著名的重奏组，录制了一张慢转唱片，曲目丰富多样，其中包括马思聪先生的《牧歌》改编曲，非常精彩。那悦耳清新的东方旋律，精致优美的小提琴音色，把听众引入了无限美妙的意境。

我还记得，上海交响乐团著名指挥家黄贻钧先生访苏演出时，指挥苏联国家交响乐团首次在莫斯科演奏了马思聪先生的交响组曲《山林之歌》，大家都被那神奇独特的音乐深深地吸引住了，仿佛那遥远中国南方的自然景色和民族风情，栩栩如生地展现在人们眼前，令人神往。后来苏联灌制了黄贻钧指挥的这部作品的慢转唱片，我特意购置来反复欣赏，充分感悟马先生音乐艺术的魅力。

我改音乐学专业后的主科老师是著名的谢尔盖·斯克列勃科夫教授，他1960年应我院邀请来中国讲学。他在讲学期间聆听了中国的民歌、民族器乐和地方戏曲，也接触了中国作曲家的音乐作品，其中包括马思聪先生的管弦乐曲。他在回国后在莫斯科音乐学院做访问报告时，特地讲到马思聪先生的作品给他留下了深刻的印象。他甚至凭记忆，即兴在钢琴上弹了马先生作品的几个片段，并称赞地说："这里的旋律民族特色鲜明，调式与和声也很新颖，音乐既有中国风味，又有现代气息。"我和在座听讲的苏联师生听到这些，都对马思聪充满了敬意。

"文革"初期，我院师生刚卷入动乱不久，作为院长的马先生像往常一样来学院上班。他刚走人东门大院，被一位员工发现而大声喊叫，立即引来人群包围，"打到反动学术权威"的喊声此起彼伏。我当时正好走到二道门处，见到这个情景，感到非常吃惊，不知所措。我从心底里根本不可能把马先生看成是敌人，所以不愿跟着喊那样的口号，但是却又不敢去阻止人群的举动，内心很痛苦。我怕马先生看到我，赶紧走开了。现在回忆起来，仍然感到很内疚。

1966 年 8 月 23 日，一群"红卫兵"把打成"一、二类黑帮"的我院领导干部和著名教授集合在院子里，勒令他们从挥动皮带的两排红卫兵中间通过。在光天化日之下，当时人们就看见马思聪先生等人惨遭毒打。目睹这种法西斯式的暴行，实在令人发指。此后不久，就听说马先生离开了大陆。

特别令人震惊的是后来发生的我院师生带头发起的冲砸苏联大使馆的严重事件。起因是苏联《文化报》发表了马思聪先生出走后在国外的讲话，我院毛宇宽先生将此文译出后被传开，结果受当时极左思潮影响的我院师生以此为由，掀起了围攻苏联大使馆的举动，造成了不良的政治后果。

粉碎"四人帮"后，极左思想的流毒并不是一下就能清除的。我记得 80 年代初我们开始筹备编写《中国大百科全书·音乐卷》，讨论到活人上书问题时，要不要收入马思聪条目，就发生了针锋相对的意见。有人还坚持"文革"时期的观点，仍然认为马思聪是叛国投敌分子，因此不应该设条目。同时，也有人认为马先生是爱国音乐家，是当代中国音乐的杰出人物，他"文革"期间受迫害，离开祖国是不得已的举动，不设他的条目是不公允的。这个问题的讨论仅仅在音协有关领导范围内进行，我们一般工作人员无权参加，因此没有机会发表意见。但是我内心是赞成正面撰写马思聪条目的。当然，随着时间的推移，终于拨乱反正，马思聪的条目纳入了百科全书，而且做了正面客观的论述。当然，现在看来，对他的评价仍然有当时的局限性。相信新版百科全书能够对马思聪先生在中国音乐史上的地位做出更全面、科学、公正的评价。

回顾马思聪先生的一生经历，他的思想言论、演出活动和音乐创作，完全证明他是中国进步知识分子的精英，是国宝级的艺术家，是值得我们敬仰的前辈音乐大师。我觉得，以马思聪先生为例，尤其是考虑到他后半生的遭遇，我衷心希望我们的国家，我们的党和政府，认真总结和吸取历史的教训，正确贯彻执行知识分子政策和文艺方针，以人为本，尊重和关爱人才，为他们营造宽松自由的环境，充分发挥他们的聪明才智，以便创造丰富多彩的精神食粮，造福于人民。

（2012 年 5 月 12 日）

马思聪先生和视唱练耳课

姜 夔

"视唱这一门功课是一切音乐（学问）的基础。"这是马思聪先生的《视唱练习》自序的第一句话。从这句话就可以看出他对视唱练耳课的重视。还有，黄翔鹏先生在《中国传统音乐180调谱例集》的前言里记有一件事："记得当年有人要马思聪简单地说说中国作曲事业怎样可以得到充分的发展，答曰：'solfege'（视唱练耳）。"也可以证明这一点。

上个世纪40年代，燕京大学音乐系主任许勇三教授聘请马思聪先生到音乐系教课，他除了教作曲等课程以外，还教视唱练耳，并且亲自写了一套包括21首曲调的视唱教材——《燕京大学讲义》。马思聪先生非常重视视唱练耳课的教材建设，他还写有一本《视唱练习》，其中包括100首由浅到深的曲调。那是一本可以在不太长的时间里把学生的视唱水平提到相当高的程度的教材。我就曾经把这本教材一条不拉地学习过，不仅在技术上有收获，从中还学习到了一些怎样设计教材、编写教材的方法。这本书包括一篇《自序》。马思聪先生在这篇序言里讲了视唱练耳课的重要性，介绍了移动名唱法、固定名唱法和不注名唱法这三种唱名法，还提到了简谱，讲了它们各自的特点和适用范围。马先生特别强调："我认为，专门的音乐学校，应当采用固定名唱法，同时也要精通简谱，以为做普及工作之用。"他把普及和提高都考虑到了。在当时（1953年）我国音乐工作者自己著作的视唱练耳教材还很少，或如马思聪先生所说"完全阙如"的情况

197

下，这本《视唱练习》的出版，就不是像他所说的"抛砖引玉"，而是"雪里送炭"了。现在，这本教材和《燕京大学讲义》都已经收入《马思聪全集》第六卷，我们这些后学者都能够很容易得到它们，拿来学习了。

马思聪先生对视唱练耳课的教学情况也很注意。他当时是中央音乐学院的院长，常常到各课的教室去听课。我记得，那是我在作曲系读三年级的时候，一天，他到我们的视唱练耳课室来听课，非常安静地进来，坐在后面，我们都没注意。一位同学站起来回课的时候没有用手打拍子图式。这是很不应该的。马先生急了，站起来，用带有广东口音的普通话大声批评道："喏，喏，喏，为 ximo（什么）不打 paiji（拍子）？为 ximo 不打 paiji？"经他这一棒喝，那位同学马上打拍子了。我们也都受到了教育：唱视唱的时候一定要打拍子图式！这次课给我的印象也非常深，我在几十年教视唱练耳课的工作中，就总是要求学生们在练习视唱的时候一定要打拍子，好好使用这把用来量时间的尺子，有时还把当年马思聪先生的那段轶事说给学生们听。

马思聪先生一生都把视唱练耳课看做音乐教育中非常重要的课程。他的心血没有白费，他的学生里就有非常优秀的、有贡献的视唱练耳课教授，朱起芸先生就是其中之一。

2012 年 5 月 12 日